ARCHIVES HISTORIQUES DE LA GASCOGNE

FASCICULE DEUXIÈME

DOCUMENTS RELATIFS A LA CHUTE

DE LA MAISON

D'ARMAGNAC-FEZENSAGUET

ET A LA MORT DU COMTE DE PARDIAC

PUBLIÉS POUR LA SOCIÉTÉ HISTORIQUE DE GASCOGNE

PAR

PAUL DURRIEU

ANCIEN MEMBRE DE L'ÉCOLE FRANÇAISE DE ROME

PARIS
HONORÉ CHAMPION
ÉDITEUR
15, quai Malaquais, 15

AUCH
COCHARAUX FRÈRES
IMPRIMEURS
11, rue de Lorraine, 11

M DCCC LXXXIII

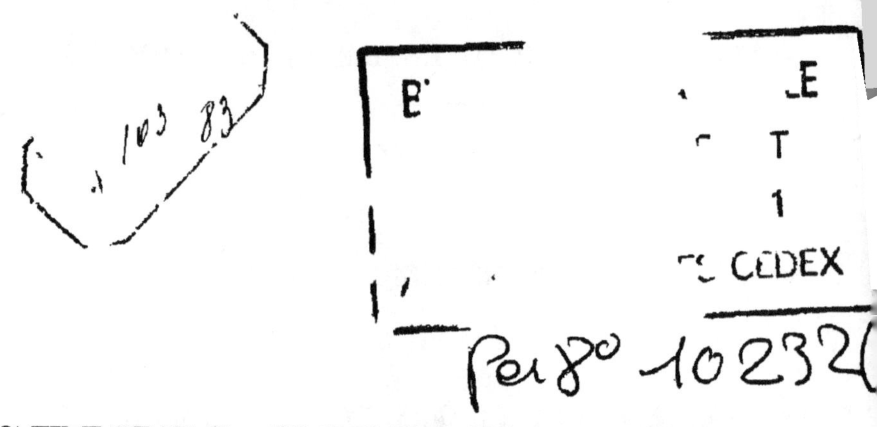

ARCHIVES HISTORIQUES
DE LA GASCOGNE

FASCICULE DEUXIÈME

DOCUMENTS RELATIFS A LA CHUTE

DE LA MAISON D'ARMAGNAC-FEZENSAGUET

ET A LA MORT DU COMTE DE PARDIAC

PAR PAUL DURRIEU

DOCUMENTS RELATIFS A LA CHUTE

DE LA MAISON

D'ARMAGNAC-FEZENSAGUET

ET

A LA MORT DU COMTE DE PARDIAC

PUBLIÉS POUR LA SOCIÉTÉ HISTORIQUE DE GASCOGNE

PAR

PAUL DURRIEU

ANCIEN MEMBRE DE L'ÉCOLE FRANÇAISE DE ROME

PARIS
HONORÉ CHAMPION
ÉDITEUR
15, quai Malaquais, 15

AUCH
COCHARAUX FRÈRES
IMPRIMEURS
11, rue de Lorraine, 11

M DCCC LXXXIII

INTRODUCTION

Avec Géraud d'Armagnac, vicomte de Fezensaguet et comte de Pardiac, s'éteignit, au commencement du XVe siècle, la Maison d'Armagnac-Fezensaguet, issue de Gaston, fils puîné du comte Géraud V d'Armagnac. Géraud ne fut vicomte de Fezensaguet qu'après la mort de son père, en 1390; mais dès 1379 il était devenu comte de Pardiac par son mariage avec Anne de Monlezun, fille et héritière du comte Arnaud-Guillem IV. C'est sous ce dernier titre de comte de Pardiac qu'il est surtout connu.

Géraud de Pardiac peut être considéré comme le type de ces seigneurs féodaux dont les querelles ensanglantèrent le midi de la France au XIVe et au XVe siècles : turbulent autant que brave, à la fois emporté et astucieux, se laissant aveugler par la fureur et ne reculant devant rien pour satisfaire sa haine. Ses violences, ses fourberies, son alliance avec les Anglais, la guerre qu'il fit au comte Bernard VII d'Armagnac, son suzerain, finirent par recevoir leur châtiment. Bernard VII, autorisé par le roi de France, vainquit le comte de Pardiac, le fit prisonnier, et le jeta avec ses deux fils dans un cachot où tous trois périrent de misère. Ces événements tragiques sont racontés avec de graves inexactitudes par nos historiens. Ils ont accusé le comte d'Armagnac d'ambition, de cruauté et même de trahison envers la couronne de France, quoiqu'il n'ait jamais cessé de la servir avec dévouement.

Les pièces inédites qui suivent sont empruntées à un travail que nous préparons sur le connétable d'Armagnac. Nous espérons qu'elles contribueront à replacer les faits sous leur véritable jour.

Ces documents présentent de plus, dans leur ensemble, des renseignements contemporains, que l'on trouverait difficilement ailleurs, sur l'état de la Gascogne à la fin du XIVe siècle, et notamment sur les efforts tentés par les représentants de l'autorité royale pour empêcher les nobles du Midi d'exercer les uns contre les autres ce droit de guerre privée auquel ils tenaient tant, et qu'ils revendiquaient hautement en plein Parlement.

DOCUMENTS RELATIFS A LA CHUTE

DE LA MAISON

D'ARMAGNAC-FEZENSAGUET

ET A LA MORT DU COMTE DE PARDIAC

I.

LAVARDENS, 15 FÉVRIER 1392 (n. s.).

LETTRES DU COMTE DE PARDIAC.

(Bibliothèque nationale, collection Doat, volume 204, f° 163. — Copie du XVIIe siècle.)

Jean III, comte d'Armagnac, étant mort en 1391, ne laissant que des filles de son mariage avec Marguerite, comtesse de Comminges, son frère Bernard VII lui succéda en vertu des substitutions établies par les comtes Jean Ier et Jean II. Le comté de Comminges était perdu pour la maison d'Armagnac : Bernard VII forma le projet d'épouser la veuve de son frère, il en fit part au comte de Pardiac et, pour se concilier son concours, il lui fit don de plusieurs seigneuries mouvantes du comté de Pardiac. Ces seigneuries avaient été acquises sous forme de donation à cause de mort par le feu comte d'Armagnac, Jean III, de Thibaut, dernier baron de Peyrusse-Grande. Les deux comtes sont réunis au château de Lavardens, qui appartient à Bernard VII ; le traité qu'ils firent ainsi, le 15 février 1392, n'eut point d'effet et n'en pouvait avoir : 1° que si le mariage projeté était conclu ; 2° qu'après la mort de Thibaut de Peyrusse, qui vivait alors et qui rendit hommage et serment de fidélité à Bernard VII, dans le château de Vic, le 24 septembre 1392. Cet hommage est en original aux archives du Séminaire d'Auch, S[5] .

Guiraud d'Armagnac, per la gracia de Dieu comte de Pardiac et senhor de las baronias de Biran et d'Ordan, a totz cels qui las presentz letras beiran, salut.

Cum, pessa ha, lo senhor de Peyrussa agos feyt donnatio et

transport de totz sos locqs et terra, apres sa fin, a mossen lo comte d'Armagnac et de Comenge, cuy Dieus perdon, en certana forma acordada entre lor; et en apres lodit mossenhor lo comte nos donnet lo dret que el auia, per rason de la dita donnation et accordi, en la terra que lodit senhor de Peyrussa ten en Pardiac; et despues nos nous siam accordat ab lo dit senhor de Peyrussa deu dret que el eyssimet y auia; et cum mossen d'Armagnac, qui huy es, nos aya promes per sas letres patentas, lo jorn de la data d'aquestas, que jamay en la dita terra et per dret que y aia o autras personnas y aian o pusquen auer, no nos fara ne fara far nulh debat, demanda ne empechament, ans fara a tot son loyal poder ab sas nebodas, filhas deudit mossen d'Armagnac et de Comenge, quan seran grandas o se maridaran, que, en cas que ellas ayan o podossan auer o demandar aucun dret en la dita terra, que d'aquel dret elas nos fassan donation et cession : nos volem que se maridatge no se fe deudit mossen d'Armagnac ab madona la comtessa d'Armagnac et de Comenge, las ditas letras de la dita promessa a nos bailladas per lo dit mossen d'Armagnac sian nullas, et per no autreiadas; et prometem de no nos en ajudar, ans las romperam en aquel cas que lodit matrimoni no se fesset.

Et en testimoni d'asso auem feyt sagellar las presentz de nostre propi sagel en pendent.

Donadas a Lauardenx, lo quinziesme jor de feurer, l'an de Nostre Segneur mil tres cent quoate vingt et onze.

II.

AVIGNON, 25 OCTOBRE 1392.

BULLE DU PAPE CLÉMENT VII.

(Archives du Vatican, registres de l'antipape Clément VII, tome 65, f° 500. — Copié sur le registre original.)

Pendant que Bernard VII fait des démarches pour conclure son mariage avec Marguerite de Comminges, le comte de Pardiac a résolu de la faire épouser par son fils Jean. Ils sont parents au quatrième degré; il faut donc une dispense du Pape. Géraud de Pardiac l'obtient sous une forme insidieuse qui lui permet de passer outre sans que la comtesse de Comminges y soit nommée. Le mariage fut en effet conclu à l'insu du comte d'Armagnac.

Dilecto filio nobili viro Johanni de Armaniaco, dilecti filii nobilis viri Geraldi comitis Pardiaci nato, domicello, Auxitanensis diocesis, salutem, etc. Intenta salutis operibus Sedis apostolice circumspecta benignitas indulta sibi desuper plenitudine potestatis, quam non ab homine obtinet sed a Deo, erga personas presertim generis nobilitate suffultas Deo et eidem Sedi devotas, interdum utitur, prout personarum, locorum et temporum qualitate pensata id in Domino conspicit salubriter expedire. Sane nobis pro parte tua nuper exhibite series petitionis continebat quod consanguinei et amici tui tractant de contrahendo matrimonio inter te et neptem, aut alteram natarum dilectorum filiorum nobilium virorum Johannes de Staraco (1), aut Johannis Urgellensis comitum (2), seu Archambaudi de Grayli, captalis de Bug (3), in quarto gradu consanguinitatis ex utroque latere conjunctarum; sed quia matrimonium hujusmodi adimpleri non potest, impedimento quod ex hujusmodi consanguinitate provenit obstante, pro parte tua nobis fuit humiliter supplicatum ut providere tibi de oportune dispensationis remedio de benignitate Apostolica dignaremur. Nos igitur, tuis in hac parte supplicationibus inclinati, ut cum nepte predicta, vel natarum altera, aut cum quacunque alia muliere in simili gradu et ex utroque latere duntaxat te attinente et in nostra et romane Ecclesie obediencia et devotione persiscente, impedimento quod ex hujusmodi consanguinitate provenit non obstante, matrimonium contrahere et in eo postquam contractum fuerit remanere libere et licite valeas auctoritate Apostolica de speciali gratia dispensamus, prolem ex

(1) Jean Ier, comte d'Astarac, eut de sa seconde femme, Maubrose de Labarthe, deux filles, Mathe et Cécile; de sa troisième femme, Philippe de Comminges, il eut Marguerite.

(2) Pierre, comte d'Urgel, mort en 1408, avait trois filles : Éléonore, à qui il légua 30,000 florins. — Cécile, mariée à Jean de Cardone. — Isabelle, qui se fit religieuse.

(3) Les généalogistes n'ont connu aucune fille à Archambaud de Grailly.

hujusmodi matrimonio suscipiendam legitimam decernentes. Nulli ergo etc... nostre dispensationis infringere etc...

Datum Avinione, VII kalendas novembris, anno quarto decimo (1).

III.

PARIS, 2 DÉCEMBRE 1395-22 JANVIER 1396 (n. s.).

PROCÈS CRIMINEL

INTENTÉ DEVANT LE PARLEMENT DE PARIS A GÉRAUD DE PARDIAC PAR LE PROCUREUR DU ROI ET MANAUD DE BARBAZAN.

(Archives nationales, X2a 12, f°s 280 v° à 291 v°. — Registre original.)

Les pièces suivantes, jusqu'à la pièce n° VIII, sont relatives à l'arrestation du comte de Pardiac et au procès criminel qu'il eut à soutenir à la suite de ses démêlés avec Manaud de Barbazan (2).

AUJOURD'HUY [2 DECEMBRE 1395] : SENS, BOSCHET, BOISY (3).

Entre le procureur du Roy et le seigneur de Barbasan, demandeur, d'une part, et le conte de Pardiac, defendeur, d'autre part, le procureur du Roy dit que le dit conte a baillé son libelle par

(1) Cette date correspond au 25 octobre 1392.

(2) Le rôle joué par Manaud de Barbazan pendant toute la seconde moitié du XIVe siècle est trop considérable pour pouvoir l'esquisser en quelques mots. On trouvera un peu plus loin quelques détails sur ses services militaires. A l'époque de la lutte contre Géraud de Pardiac, Manaud était déjà vieux. Il mourut en 1403, dans un âge fort avancé. Manaud est le père d'Arnaud Guillem de Barbazan, l'une des plus pures gloires de la Gascogne, *le chevalier sans reproche*, *le restaurateur du royaume et de la couronne de France.*

Voir pour l'histoire de Manaud de Barbazan la notice de M. Curie Sembres sur Arnaud Guillem de Barbazan, insérée dans la *Revue de Gascogne*, tom. XV, pag. 97 ; l'*Histoire de la Maison de Faudoas* (Montauban, 1724. In-4°) ; l'*Histoire de la Maison de Richelieu*, imprimée à la suite de l'*Histoire de la Maison de Dreux*, d'A. DU CHESNE.

(3) Ces noms, qui se retrouvent en tête de chaque séance, sont ceux des conseillers au Parlement qui étaient probablement chargés d'une manière plus spéciale de suivre l'affaire.

maniere de faiz nouveaux, si comme il dit; et contient ledit libelle six appellations par lequel il maintient qu'il est nobles de grant lignage, qu'il a esté obeissant au Roy et a ses officiers, servi le Roy en ses guerres et despendu du sien largement et fait acquerir au Roy pluseurs forteresses et chasteaux. Dit oultre que le sire de Barbasan est homme de foy et de hommage dudit conte, et a fait guerre contre lui a baniere desploiée; et apres, à l'instigation dudit sire de Barbasan, le dit conte fu arresté prisonnier a Thoulouse par le mareschal de Sampsoirre (1), et furent les parties oyes, et fu certainne appellation entrejettée par ledit conte pour ce que on ne lui voult pas bailler contre le Roy deux advocas qu'il demandoit. Et depuis, a force et grant assamblée de gens, le mareschal fist prendre ledit conte et emprisonner en un chastel, et apres on lui fist faire litiscontestacion et depuis on le fist emprisonner; dont il appella, pour ce que on le voult mener a Carcassonne prisonnier (2). Lesquelles choses et pluseurs autres griefs qu'il dit a lui estre faiz sont contenuz ou libelle dudit conte, le contenu duquel libelle le procureur du Roy a recité.

Tout consideré, ordené est par la Court que toutes les appellacions dudit conte, faictes en ceste matiere, soient mises au neant, et seront les parties oyes l'une contre l'autre d'un costé et d'autre

(1) Le maréchal de Sancerre, plus tard connétable de France, était alors lieutenant général du Roi en Languedoc. D'après dom Vaissete, les principaux seigneurs qui prirent part à cette querelle (la guerre du comte de Pardiac contre Barbazan) furent les comtes d'Astarac et de Lisle-Jourdain, les vicomtes de Paulin et de Caraman, les seigneurs de Lenac (*sic*), d'Orbessan et de Duras, et Ramonet de Sort, en Gascogne; les seigneurs de Campagnac et de Cestairols en Albigeois; de Beaufort, de Castanet, de Sainte-Camele, de Bonnac et de Belle-Affaire (Bello-Affario, Belestat?) en Lauraguais, et enfin Jean et Geraut de Lantar... Le maréchal de Sancerre défendit à tous ces seigneurs de marcher au secours des deux contendans (*Histoire de Languedoc*, tom. IV, pag. 406). Ces renseignements paraissent empruntés à un mandement du maréchal de Sancerre, que nous n'avons pas retrouvé.

(2) D'après dom Vaissete, le maréchal de Sancerre fit arrêter et conduire Géraud à Toulouse et de là à Carcassonne; puis il prononça un jugement solennel sur cette affaire le 26 juin 1394. On dressa pour cela un grand échafaud, dans la nouvelle salle du palais royal de Toulouse où il logeait (*Hist. de Languedoc*, tom. IV, pag. 406).

C'est à la suite de ce jugement que la cause fut portée en appel devant le Parlement de Paris.

sur le principal de la cause et feront les parties telles demandes et requestes l'une contre l'autre, comme bon leur samblera.

Et pour ce le conte requiert sa délivrance de son corps et de ses biens.

Le sire de Barbasan dit que a son pourchas ne a sa requeste le conte n'a point esté prins ne emprisonné, ne il ne se veult point faire partie contre ledit conte. Et est ledit de Barbasan venuz a Paris pour ce que, apres ce qu'il fu emprisonné pareillement que le conte pour cause de la dicte guerre, il fu par le marcschal eslargy a caucion pour venir par devers le Roy; et a esté oy et delivré de ceste besongne par le Roy, et par conseil il est demouré jusques a present a Paris, et maintenant par commandement de la court il est icy venus et requiert que, se le conte veult aucune chose dire contre lui, face le conte sa demande et il defendra.

Le conte, attendu ce que dit le sire de Barbasan, requiert que sa requeste lui soit faicte se les gens du Roy ne dient au contraire.

Le procureur du Roy dit que ou libelle du conte est contenu un article faisant mencion que il loist aux nobles du pays faire guerre les ungs contre les autres, *rege inconsulto,* si requiert que ledit article soit mis au neant et dampné, et defendu qu'il ne soit plus proposé en libelle ne autrement, mesmement durans les guerres du Roy.

Appoinctié est que la cause surserra *in statu* jusques a lundi prouchain, auquel jour seront les parties oyes l'une contre l'autre et cependant on muera aucune chose en ceste matiere.

Le procureur du Roy dit que le sire de Barbasan s'est vantez d'une delivrance faicte de lui par le Roy, lui venu a Paris, si requiert qu'il monstre aux gens du Roy sa delivrance et son proces fait en ceste matiere pardevant le Roy, ou aultrement ilz proposeront contre ledit de Barbasan et requerront pareillement que ilz eussent fait quant il estoit a Thoulouse, et que de faire ce que dit est ledit de Barbasan soit contraint par la Court.

Le sire de Barbasan dit que ce que ilz auront, voulentiers monstreront aux gens du Roy.

Et lui a fait la Court defense qu'il ne parte de la ville de Paris jusques a tent qu'il ait monstré sa delivrance et proces dessusdis.

MARDI VIIe JOUR DE DECEMBRE MIL CCC IIII^{XX}XV : SENS, BOSCHET, MARLE, BOISY.

Entre le procureur du Roy nostre sire, demandeur, d'une part, et le conte de Perdyac, defendeur, d'autre part, dit le procureur du Roy que la conté de Perdiac est du Royaume de France, et la tient le conte en foy et hommage du Roy; dit que il ne loist a nul subjet du Roy faire guerre ou Royaume durans les guerres du Roy sans congié du Roy, et neantmoins pour aucunes haynes d'entre ledit conte d'une part et le sire de Barbasan d'autre part, lesquelx sont subgiez du Roy, ledit conte, a grant assamblée de gens d'armes, a fait guerre contre ledit sire de Barbasan. Et pour ce le mareschal comme lieutenant du Roy donna sa commission adreçant a messire Roger d'Espaigne (1), par vertu de laquelle fu faicte defense aux deux seigneurs dessusdis, de par le Roy Nostre Sire, que ilz cessassent desdictes guerres et voyes de fait et qu'ilz venissent par devant ledit mareschal qui leur feroit justice. Ausquelx commandemens ne fu pas bien obeissant le sire de Barbasan; et pour ce il fu de par le Roy arresté lui et ses biens. Et apres fu admonnesté ledit conte de cesser des voyes de fait dessus dictes par le conte de l'Isle (2) et pluseurs autres; et fu ledit conte de ce faire refusant et desobeissant; et pour ce fu adjourné simplement a requeste du procureur du Roy, et apres fu adjourné de main mise et ses biens arrestez et defense faicte a lui et audit de Barbasan qu'ilz ne procedassent par voye de fait; et se fist mettre ledit de Barbasan en sauvegarde du Roy. Ausquelles journées ledit conte ne voult comparoir (3).

(1) Roger de Comminges d'Espagne, seigneur de Montespan, appartenait à une branche cadette de la maison de Comminges. Il était fils d'Arnaud d'Espagne, IIIe du nom, et de Gaillarde de Miraumont. Roger d'Espagne, chevalier et conseiller du Roi en 1373, avait été nommé sénéchal de Carcassonne, le 26 août 1383. Il fit son testament le 6 juin 1406 et mourut en 1410.

(2) Jean Jourdain, IIe du nom, comte de l'Isle-Jourdain, fils du comte Jean Jourdain Ier, avait succédé à son père en 1375. Se voyant sans héritiers mâles, il vendit son comté à Jean de Bourbon, comte de Clermont; avec lui s'éteignit la maison de l'Isle-Jourdain. Il avait épousé Cécile d'Astarac qui, pendant de longues années, plaida contre son mari devant le Parlement de Paris.

(3) Selon dom Vaissete, le sénéchal de Toulouse, qui était alors Colart

Et en apres ledit messire Roger d'Espaigne et pluseurs autres seigneurs admonnesterent ledit conte, et tant que ilz se deurent assambler ensamble a Garnade (1) en esperance de paix. A laquelle journée le dit conte n'ala ne envoya, mais assambla grant nombre de gens d'armes et coururent tant sur la terre du sire de Barbasan comme sur la terre du Roy, et furent par eulx commis pluseurs murtres, pluseurs feux boutez, et raençons prinses des bonnes gens du pays. Pour lesquelles choses apaisier, le mareschal escrisi lettres closes audit conte, en lui priant qu'il se meist dudit debat a l'ordenance du Roy. Et apres pour pareille cause ledit mareschal envoia par devers lui messire Robert de Chalus (2) en le requerant selon le contenu des lettres closes dessus dictes; mais ledit conte en fut du tout contredisant et desobeissant. Et pour ce fu ledit conte mandé qu'il alast par devers le mareschal; et y ala et fu arresté par ledit mareschal. Dit que les gens du conte ont prins, pillié et robé cent et trente chiefs de bestes; et depuis prindrent cinquante chiefs de moutons et cinquante chievres d'autre costé; et depuis prindrent XXXI hommes et les rençonnerent et en receurent plus de III^c florins d'Arragon; et apres tuerent la femme d'un appellé Robille; et depuis lesdiz complices pillerent un cheval et un pourceau et grant quantité de feurres (3).

Et apres roberent en la ville de Rabastain (4) cent et sept chievres et firent dommage en autre maniere de cinq cens livres et plus. Et depuis ardirent cinquante et une maison. Et apres

d'Estouteville, seigneur de Torcy, s'étant rendu leur médiateur, assembla les deux rivaux d'abord à Gimont et ensuite à Fleurance, dans le comté de Gaure, au mois de décembre 1393, de concert avec Guichard Dauphin, seigneur de Jaligny (plus tard souverain maître d'hôtel du Roi), chevalier, lieutenant du maréchal de Sancerre (*Hist. de Languedoc*, tom. IV, pag. 406).

Les conférences furent ensuite transférées à Grenade (sur Garonne).

(1) Grenade, près Toulouse.

(2) Robert de Chalus ou de Caylus, sénéchal de Carcassonne, s'illustra par la prise de Lourdes sur les Anglais en 1406 (*Hist. de Languedoc*, IV, pag. 422). Au lieu de Chalus ou Caylus, il faut peut-être lire Cheylus en Coiron, bourg jadis considérable, à une lieue de Privas (Bibl. nat., coll. de Languedoc, vol. 103, pag. 318).

(3) Fourrages.

(4) Rabastens, près Tarbes.

prindrent Bernart de Moreul demourant au Chastel vielz (1) et le rençonnerent a XII frans. Et au lieu de Baho (2) appartenant au sire de Barbasan ardirent XXII maisons et prindrent plus de cent chievres et les menerent a Escurion (3) appartenans au dit conte. Et a ce faire estoient le bastart de Frezenzaguel et le bastart de Montlausun et plusieurs autres gens dudit conte. Et prindrent un homme appellé Jehan et lui osterent d'une espée les genitoires et mutilerent sa femme. Et ont couru la terre de l'evesque de Comminges, filz du sire de Barbasan (4), et raençonné pluseurs gens et ont commis pluseurs autres crimes capitaulx et de lese-magesté declairiez plus a plain es informacions estans par devers la Court. Et se ledit conte n'y a esté present en sa personne, toutes voies lesdiz malefices ont esté commis par ses gens et par sa puissance. — Conclut qu'il soit punis en corps et en biens, ou au moins en biens en la somme de XL mil frans, en amende honorable au procureur du Roy, es lieux ou il a commis ses desobeissances; que tous les fiefs dudit conte estans soubz le Roy soient acquis au Roy pour cause de la dicte desobeissance, et que la foy et l'ommage dudit de Barbasan soit acquis au Roy; que par force de prison ledit conte soit contraint a faire cesser toutes les guerres et voyes de fait dessus dictes, et restituer et mettre en main du Roy LX mil francs pour en ordonner ou il appartendra, et restituer a ceulx qui ont les dommages souffers; et envers le sire de Barbasan en amende honorable et profitable à la discretion de la court; et a bailler audit sieur de Barbasan XXX mil florins; et a tenir prison fermée jusques a plaine satisfaction; et que le Roy soit paié avant tout autre; et que ilz soient touz deux contrains a jurer paix avant que ilz partent de la ville de Paris.

Defent le conte qu'il est nobles, etc., et s'est bien et honorablement porté tousiours sanz en rienz mesprendre envers le Roy son seigneur, lequel il a bien servi tant en la compaignie de

(1) Castelviel de Bigorre, Hautes-Pyrénées, arrondissement de Tarbes, canton de Pouyastruc.

(2) Probablement Banios, canton de Bagnères-de-Bigorre.

(3) S'agit-il de Lescurry? (Voir pag. 27, note 8.)

(4) Manaud de Barbazan, évêque de Comminges, de 1390 à 1421 (*Gallia Christiana*, I, col. 1103).

monseigneur d'Anjou comme d'autres capitainnes; et pour sa proesce fu fait capitainne pour le Roy sur les frontieres, et porta forte guerre aux Engles et les tint en grant subjection ; et apres les combati ledit conte et les desconfit, et depuis devant le chastel de Montsarrot (1) que tenoient les Engles fu mis siege de par le Roy et apres le siege levé, ledit conte a ses despens assiegea ledit chastel et finablement le prist et mist en obeissance du Roy; et a fait pluseurs autres nobles services au Roy duquel il est subget. Dit que le Roy et ledit conte sont seigneurs par pariage de Marcillac (2), de... (3) et y ont toute justice en pariage ; en laquelle terre ledit de Barbasan vassal et subget dudit conte a fait lever deux gibés, laquelle chose rapportée audit conte, il le fist savoir aux gens et officiers de la dicte court commune et fu baillée commission pour abbattre lesdiz deux gibés; mais les commissaires, eulx doubtans de la voye de fait dudit de Barbasan, requirent audit conte de par le Roy qu'il leur baillast ayde et force. Et pour ce commanda au bastart de Montagu qu'il prinst des gentilzhommes du pays pour garder lesdis commissaires de force; et fu la dicte commission executée. Et pour ce le sire de Barbasan menaça ledit bastard qu'il le dommageroit et fist chassier ledit bastart. Et pour ce qu'il ne le peut avoir a grant assamblée de gens d'armes, il mist le siege devant la forteresse de Biere (4) appartenant audit bastart et tenue dudit

(1) Peut-être Montsoreau, commune de Vanzac, arrondissement de Jonzac, canton de Montendre, Charente-Inférieure.

(2) Marciac, ville de l'arrondissement de Mirande (Gers).

(3) Le mot est resté en blanc. Il faut remplir cette lacune par le nom de *Beaumarchez* (arrondissement de Mirande, canton de Plaisance, Gers). Le comte de Pardiac était, en effet, co-seigneur, avec le Roi de France, de Marciac et de Beaumarchez. Ces deux places avaient été remises à Géraud par les exécuteurs testamentaires d'Arnaud Guillem IV de Pardiac, le 9 janvier 1380 (MONLEZUN, *Hist. de la Gascogne*, VI, pag. 347. Voir dans le même volume, pag. 241, le paréage de Marciac).

(4) Bière est un hameau de la commune de Couloumé-Mondébat (arrondissement de Mirande, canton de Plaisance, Gers). A quelques kilomètres se trouve Montégut-de-Gures (canton d'Aignan, Gers), qui a donné son nom à une famille de Montégut ou Montagut, à laquelle appartenait apparemment le bâtard de Montagu ou Montaigu, fait prisonnier par Barbazan. La famille de Montagut, seigneurs du Couloumé, s'est fondue dans les La Fitte, dont la généalogie a été dressée et publiée par M. de Courcelles, *Hist. des Pairs de France*, t. VI.

conte, et bouterent le feu es maisons estans pres d'icelle forteresse, et ne peurent prendre la dicte forteresse. Et apres le filz dudit sire de Barbasan traicta avecques ledit bastart qu'il yroit a seurté parler audit sire de Barbasan pour soy excuser et pour traictier, et de ce faire lui promist ledit filz foy et loyauté. Et pour ce ledit bastart confiant de ce fist ouvrir la porte dudit chastel, dedens lequel le filz dudit (1) de Barbasan et sa compaignie entrerent et ardirent le chastel, et prindrent tous les biens estans illec, et menerent ledit bastart et son filz par devers le sire de Barbasan, lequel les fist mettre en fosse, en prison chacun separeement. Et quant ledit conte scet ces choses, il envoie par devers les gens du Roy pour mettre remede sur ce; mais les gens du Roy respondirent que ilz ne savoient se les treves estoient faillies entre les deux Roys, et que le conte se pourveust d'autre remede. Et pour ce le conte assambla de ses amis et parens et aucuns parens du sire de Barbasan et firent un accord contenant que par certainne fourme et maniere contenue en icellui ledit chastel devoit estre reparé, les biens rendus et les prisonniers delivrés; et promistrent les amis dudit de Barbasan que au dimenche apres ensuivant ilz rapporteroient ledit accort seellé. Auquel dimenche le filz du sire de Barbasan acompaigné de grant quantité de gens d'armes couru la terre dudit conte de Perdiac. Et apres le sire de Barbasan assambla plusieurs Angloiz pour grever ledit conte

(1) S'agit-il du fils aîné de Manaud, Arnaud Guillem de Barbazan, ou de son second fils Jean, lequel mourut avant son père en laissant un fils nommé Léonet? Nous serions disposé à admettre la seconde hypothèse. L'incendie de Bière, la brusque agression dont fut victime le bâtard de Montégut, témoignent beaucoup de violence et d'emportement inconsidéré de la part de leur auteur. Or, Arnaud Guillem était à cette époque dans toute la force de l'âge et déjà assez célèbre pour que le duc d'Orléans l'ait nommé quelques mois plus tard son chambellan (Bibl. nation., Ms. français 6210, n° 135). Cependant il faut remarquer qu'Arnaud Guillem se trouvait alors sur le théâtre de la guerre. A la fin de 1393 ou au commencement de 1394, on le voit à Lavardens auprès du comte d'Armagnac (Bibl. nation., coll. Doat, vol. 206, folio 160). Cet acte porte seulement la date de 1393, l'année étant comptée suivant l'usage adopté par la chancellerie d'Armagnac, du 25 mars 1393 au 24 mars 1394. Mais nous savons par un autre document contenu dans le même volume, folio 149, que Bernard VII était à Lavardens le 16 février 1394. Dans tous les cas, le comte d'Armagnac ne séjourna en Gascogne que depuis le mois de novembre 1393 jusqu'à la fin de février ou au commencement de mars 1394.

et coururent la terre dudit conte, les gens du Roy sachans ces choses.

Et est vray que en ceste besongne ledit conte ne assambla onques aucuns Angloiz. Et peut estre que ledit messire Rogier d'Espaigne fu envoyé de par le mareschal et traicterent le IXe jour de decembre, et firent tant que les dictes parties promistrent ensamble surseance et treuves, lesquelles pou de temps apres ledit de Barbazan rompi, car il couru la terre de Prullis (1) appartenant audit conte, laquelle chose ledit conte fist savoir aux gens du Roy. Et environ Noel ensuivant fu fait un autre traictié de surseanse jusques au quaresme ensuivant, lequel traictié fu fait par les officiers du Roy parmi ce que ledit de Barbasan devoit rendre ledit bastart et son filz qui lors estoient prisonniers et acomplir l'accort dont dessus est parlé dedens le jour des Roys prouchainnement ensuivant, ou autrement l'accord estoit nul. Pendant lequel temps les gens du sire de Barbasan ardirent les molins du conte. Et apres la dicte feste des Roys ainsi passée, pour ce que l'accort n'estoit aucunement acompli, ledit conte le signifia aux gens du Roy, lesquels ne respondirent aucune chose, combien qu'il les requeist qu'ilz le feissent dedommagier et que sur ce fust faicte informacion. Laquelle faicte et que la somme desdis dommagemens fust estimée a II mil et C frans, le lieutenant du mareschal escripsi au conte qu'il quittast lesdis dommages ; et en quitta la moitié en soy execusant par devers ledit lieutenant. Et lors ledit Barbasan acompaignié de plusieurs Engles couru la terre du conte, et lors ledit conte se volt defendre contre son dit adversaire ; et advindrent ces choses environ l'octave des Roys IIII[xx] XIII. Et apres le mareschal fist faire trevez entre les dictes parties, et manda le conte qu'il alast parler a lui ; et s'en excusa pour doubte de son adversaire, et s'en ala au chastel de Cuset (2) ; et quant il sceut que le mareschal estoit a Thoulouse il y ala pour parler a lui, mais il fu en ycelle ville prins a force et assemblée de gens d'armes et mis prisonnier en une tour en

(1) Brulhois, dépendance de Fezensaguet, autour de La Plume (Lot-et-Garonne.)

(2) Probablement Cussé, dans la commune de Fleurance (Gers) ?

la ville de Thoulouse, nonobstant que le conte de l'Isle et le conte de Carmaing le voulsissent caucionner ; et depuis fu transporté a Carcassonne et retenu prisonnier par aucun temps, combien qu'il requeist estre oy ou eslargy. Dit qu'il a esté admené prisonnier ou Chastellet, dit que il doit estre absoulz des demandes du procureur du Roy.

Respond aus demandes de partie adverse et dit qu'il a oy dire et maintenir que en Gascongne n'est point defendu a faire guerre et, s'il n'est loisible, toutesfois on en a ainsi usé au pais sans en estre reprins.

A ce que dit le procureur du Roy que le conte a eu un varlet angloiz, dit qu'il ne sceut oncques qu'il feust angloiz, mais estoit subgiet du conte de Foiz ; et se il eust eu en sa compaignie deux anglois, ce que non, il lui loisoit, attendu que sa partie adverse estoit acompaignié d'Engloiz. Dit oultre que oncques ne couru la terre du Roy ne lui, ne ses gens; et s'ilz ont prins aucune chose incontinent quant le conte l'a sceu, il a fait tout rendre et restituer. Dit que un buef fu prins par ses gens et tué et tantost paié par le conte a cellui a qui il appartenoit. Item dit qu'il a offert et requis au seneschal du Roy que s'il estoit aucun de la terre du Roy qui sceust dire que il eust esté dommagié d'un poucin ou fait de la dicte guerre, il offroit a le paier. Dit que ceste guerre est juste defense et non pas contrevengement ; et se aucun dommage a esté fait aus subgiez du Roy, on s'en doit prendre au sire de Barbasam et non pas au conte, et par ainsi il n'a en riens offensé, attendu que tout lui vient pour soustenir le fait du Roy. Et se par le mareschal leur avoit esté faicte defense de proceder par ceste voie, ilz auroient proposé ce que dit est au contraire, et en auroient appellé, et par ce la defense ne le lioit en riens ne la requeste de soy soubmettre a l'ordonnance du Roy n'y fait riens. A ce que dit partie adverse que le seigneur de Barbasam fu mis en la sauvegarde du Roy, dit que ceste sauvegarde, s'aucune en y avoit, estoit de nulle valeur ; et n'a point le conte offensé en venant contre la dicte sauvegarde, car l'impetrant d'icelle l'enfraingnoit par l'infraction des treuves, en faisant guerre contre son seigneur duquel il detenoit les biens : si dit qu'il n'y a point d'offense ne point de peinne de par le conte.

A l'adjournement auquel le conte ne comparu point, dit que s'aucun adjournement fu fait en ceste matiere ce fu pour comparoir *ad locum non tutum*, et par ainsi n'estoit tenus de y aler. Au fait des treves, dit qu'elles n'ont point esté rompues de son costé, mais ont esté rompues par ledit de Barbasam; et estoit l'accort fait et le traictié et par ce n'en convenoit plus soy assembler avec les gens du Roy ne autres. Et dit que pour les offres que lui ont fait les gens du Roy, il a cessé de faire guerre. Au fait des bestes de Rabastain, dit que s'aucunes bestes y ont esté prinses, elles auroient esté rescousses aus gens du seigneur de Barbasam par lesquelz lesdictes bestes auroient esté prinses sur la terre du conte. Au fait de l'omme qui ot les genitoires coppez, dit que ce n'est point par lui ne par son fait, mais auroit esté par un autre homme pour ce que il solicitoit sa femme et il y auroit esté trouvé et la femme bleciée qui se seroit mise entre deux. Aux feux boutez, dit que se n'est point de son commandement; et s'aucuns en ont esté boutez, ce n'est point en la terre du Roy ne contre les subgiez du Roy. Si dit que le conte n'a commis ne rebellion ne desobéissance, et n'a partie adverse ne cause ne action, et est le conte en cas d'absolution et requiert son eslargissement; et le seurplus a jeudi prouchain. Et cependant le procureur du Roy baillera par declaration les cas contre le conte pour y defendre, et ne sera riens mué en ceste cause.

JEUDI, IXe JOUR DE DECEMBRE MIL CCC IIII[XX] XV : SENS, BOSCHET, MARLE, BOYSY.

Defent le conte aus cas particuliers proposez contre lui par le procureur du Roy et dit que en tant que regarde les terres du Roy, il s'en rapporte a ce qu'il en a dit dessus. Dit oultre qu'il a fait crier que nulz ne meffeist en la terre ne aus subgiez du Roy et a fait crier que s'aucune chose y avoit esté meffait, il estoit prest de le restituer; et encores, s'il est trouvé que aucune chose ait esté prins ou autres dommages fait en la terre du Roy, il se offre et est prest de le faire restituer. Au fait de Rabastain dit que plusieurs bestes avoient esté prinses par les gens de

Rabastain en la terre du Roy et pour ce le dit conte les envoya quérir et lui furent renvoyées. Et se ses gens ont aucune chose meffait, il n'en a riens sceu et n'en est aucunement tenu coulpable attendu ses defenses et les offres dont dessus est parlé. A ce que dit partie adverse d'un pourceau et d'une brebis, dit que se ses gens les ont prins, il est prest de les faire restituer; ne ses gens n'ont aucune chose prins en la ville de Martiac, combien que partie adverse die que un homme y fu par eulx prins, appellé Remy, dont il n'est riens. Et s'aucune chose en auroit esté, ce seroit que les gens du sire de Barbasam en faisant telles choses auroient crié *Perdiac et Montlausum*, desquelles choses ledit conte n'auroit eu aucune cognoissance. Et s'aucune chose en estoit, il est prest de le faire rendre et restituer. A ce qu'il dit du feurre, dit que il n'en scet riens. Au fait de homme et femme mors a Oussin, dit que s'aucune chose en estoit, ce seroit que les gens du seigneur de Barbasam auroient prins des gens du Roy et du conte, et les auroit retraiz ou chastel d'Oussin (1), en ouquel plusieurs gens seroient yssus hors pour courrir sus aus gens du conte, et puet estre que cellui homme mort yssi le premier; et la femme auroit esté tuée d'un vireton que tray un sien filz, en cuidant traire contre les gens du conte, combien que de ces choses le conte ne sache riens. Au fait de l'evesque de Comminges, dit qu'il n'a esté aucunement grevé ne dommagié par lui ne de son sceu ou voulenté, ne par ses gens. Au fait du cheval qu'il fu tué, dit que ce fut de trait en guerre contre son adversaire et le povoit faire. Conclut par ce que dit est qu'il n'a cause ne action, et est en cas d'absollution veu ce que dit est, et au seurplus conclut comme dessus.

Dit le sire de Barbasam qu'il est nobles homs et du plus grant lignage du pais de Gascongne, et ont bien servi lui et ses predecesseurs les Roys de France trespassez et le Roy qui est a present; et a esté officier du Roy au pais et a tousiours sieuvy les armes et tenu la partie du Roy; et a fait plusieurs proesses

(1) S'agit-il d'Ousten, commune d'Ancizan, canton d'Arreau (Hautes-Pyrénées), ou de Montoussé, canton de La-Barthe-de-Neste (Hautes-Pyrénées)?

et chevauchiées pour le Roy et exposé son corps en plusieurs lieux, a Carcassonne, a Narbonne et ailleurs ; et se le conte a fait aucun bon exploit ou chevauchiée pour le Roy, le seigneur de Barbasan a esté le principal (1). Et depuis le conte a conceu hayne contre lui et en la Court de ceans a maintenu que le dit de Barbasan est son homme, dont il n'est riens. Et se les predecesseurs dudit de Barbasan ont fait aucun hommage audit conte, toutesvoies ledit de Barbasan ne lui fist oncques foy ne hommage. Et se le seigneur de Barbasan a aucunes terres soubz le conte, ycellui conte les a prinses et les detient a force et de fait (2) ; si dit qu'il n'est point son homme. Et posé qu'il fust son homme, toutesvoies puis que il a commis felonnie contre son vassal, lequel il doit garder, ycellui conte qui est aggresseur doit avoir pardu la foy et hommage a la fondacion que prent le conte pour la hayne. Sur le fait des fourches qui furent abbatues, dit que le seigneur de Barbasan estant a l'Escluse (3) ou service du Roy, ses gens et officiers firent drecier ces deux fourches en sa terre et haulte justice ; et, lui retourné, le conte escripsi

(1) Manaud de Barbazan avait servi, durant toute l'année 1356, sous le gouvernement du comte d'Armagnac, avec le titre de capitaine de la terre de Rivière (Bib. nation., coll. des titres scellés de Clairambault, vol. 9, pag. 549 et 551).

Il fut nommé le 20 décembre 1370, par le duc d'Anjou, maréchal des guerres et armées du Roy en Languedoc (Bibl. nation., *Pièces originales*, vol. 187, titres de Barbazan, n° 22), fonctions qui furent confirmées par le duc de Berry le 26 avril 1381 (*Hist. de la Maison de Faudoas*, pag. 59 ; Vaissete, *Hist. de Languedoc*, IV, pag. 377). Sénéchal du Quercy dès 1382, il portait encore ce titre le 9 mai 1385, conjointement avec celui de maréchal de l'armée en Guyenne et Languedoc (*Hist. de la Maison de Faudoas*, pag. 60). Enfin sa présence à l'Ecluse, en 1386, clôt la longue série de ses glorieux services. Dès lors, il se lia étroitement avec les comtes d'Armagnac qui lui témoignèrent toujours la plus grande confiance et le chargèrent d'importantes missions.

(2) Il s'agit probablement des terres de Bajonnette, arrondissement de Lectoure, canton de Mauvezin, département du Gers, et de Goutz, canton de Fleurance, que Géraud avait confisquées sur Manaud de Barbazan (*Hist. de la Maison de Faudoas*, pag. 61).

Le refus de Barbazan de prêter hommage au comte Géraud de Pardiac, paraît avoir été la véritable cause de leur querelle (Voir dom Vaissete, *Hist. de Languedoc*, IV, pag. 406).

(3) La réunion d'une armée royale à l'Écluse, en Flandre, dans le but d'opérer une descente en Angleterre, remonte à l'année 1386. On sait que les lenteurs du duc de Berry firent misérablement échouer ce projet.

que il fist abattre les dictes fourches et qu'il punist ses officiers qui les avoient fait drecier. A quoy respondi ledit seigneur de Barbasan et lui rescript que en tant que touche le fait desdictes fourches se il touchoit aucunnement le Roy, il estoit prest de faire tout ce que le conseil du Roy a Thoulouse ordonneroit, et que en ce il ne procedast point par voie de guerre ne de fait contre lui qui estoit son parent; mais le conte par le bastart de Monltlasum fist demolir lesdictes fourches. Et pour ce le seigneur de Barbasan se tray par devers les gens du Roy a Tholose, ausquelx il exposa son droit; et obtint lettres que les dictes fourches seroient remises en leur estat premier. Et quant le conte le sceut, ilz accorderent ensemble sur le fait desdictes fourches et par bonne amour s'entrebaiserent. Au fait de la Biere, dit que oncques il n'envoya son filz pour prandre le chastel de Biere, et estoit le bastart de Montagu prins avant ce que ledit de Barbasan en sceut rienz. Et est vray que ledit bastart devoit plusieurs rentes et cens audit de Barbasan, lesquelx un chappellain dudit de Barbasan ala requerir; mais ledit bastart le bati et mist a mort, et depuis bati autres gens dudit de Barbasan, et fist courir la terre du seigneur de Barbasan par certainnes gens d'armes, ausquelx ledit bastart avoit fait oster un cheval et disoit que les gens du seigneur de Barbassan l'avoient prins; et trouverent un des subgiez dudit de Barbasan auquel ilz firent paier xxx frans pour ledit cheval. Pour occasion desquelles choses le filz dudit de Barbasan de sa voulenté, sens le sceu de son pere, prist ledit bastart et fu admené par ledit filz et ses gens et tenu honorablement. De laquelle prinse ledit de Barbasan fu moult courrouciez. Et pour cause de ceste prinse le conte fist guerre ouverte contre ledit de Barbasan lequel requist le conte de paix; et vindrent les parties par devant les gens du Roy et le conte de l'Isle, par devant lequel le seigneur de Barbasan afferma qu'il n'estoit point coulpable de la prinse dudit bastart, et son filz afferma ces choses estre vrayes; et pour ce fu fait un accort entre eulx et les dommages estimez et trieuves prinses entre eulx; lesquelles le conte rompi et pour ce s'en plaigny aus gens du Roy. Et apres certains prisonniers prins par ledit de Barbasan furent delivrés du commandement des gens du Roy et par ce appert qu'il a esté bien obeissant aus gens du

Roy. Et n'est point a presumer que le seigneur de Barbasam eust fait guerre contre le conte qui est si grant seigneur et si poissant au pais.

A ce que dit le conte que le seigneur de Barbasan acompaignié de plusieurs Angloiz a couru la terre du conte de Pardiac, dit que le conte a fait prier tous les plus grans chevaliers angloiz d'estre de son costé contre ledit de Barbasan, mais ilz n'en vouldrent riens faire. Et vindrent en son aide les gens du seigneur de Monltferran et ses gens. Bien est vray que le seigneur de Duras sens le sceu dudit de Barbasan le vint veoir et peut estre que ilz oirent dire que le conte estoit sur les champs, et chevaucherent, et prindrent un cheval et des prisonniers, lesquelx ilz rendirent tantost au commandement des gens du Roy ausquelx il a tousiours esté obeissant. Dit que en ce ledit de Barbasan a tousiours esté defendeur. Si requiert que la court recoive ses excusacions et desblames en ceste matiere et proteste de conclure sur ce quant la court l'ordonnera.

Replique le procureur du Roy que se le conte a fait pluseurs beaux services au Roy, il y est tenu de tant qu'il a plus de biens et de seignories soubz le Roy. Dit que, pour de certaines injures dictes par le bastart de Montagu du seigneur de Barbasan, le filz dudit seigneur se transporta au lieu de la Biere; et lui estant illec, le conte prist deux chasteaulx du seigneur de Barbasan; et quant le filz dudit Barbasan le sceut, il fist bouter le feu audit lieu de la sale de Biere. Et vindrent sergens d'armes, tabellions et autres officiers du Roy envoyez par le seneschal pour faire defenses de par le Roy de proceder par telles voies de fait, mais ilz ne peurent si tost venir audit lieu que le fait ne feust ja fait par ledit filz du seigneur de Barbasan, combien que puet estre son pere n'en savoit riens. Dit que ilz vouldrent traictier de paix au pourchas du seigneur de Barbasan, mais le conte n'y voult entendre; et s'aucun traictié fu fait, le conte le rompi et assembla gens d'armes sur le pais et se mistrent en peine messire Rogier d'Espaigne, le seneschal et autres officiers du Roy de appaisier ce debat, et s'assamblerent a Grenade pour traictier de paix sur la prinse dudit bastart, mais le conte ne volt tenir paix ne accort; et pour ce que il estoit en tout desobeissant a l'ordonnance des gens du Roy, le mareschal le fist emprisonner, pour ce aussi qu'il vouloit tuer le sieur de Barbasan, et aussi que deux chevaliers avoient esté tuez a la sale de Thoulouze, dont on disoit ledit conte estre coulpable, et depuis par l'ordonnance du mareschal fut mené a Carcassonne. Dit qu'il ne lui loisoit aucunement faire guerre sans congié du Roy, nonobstant quelxconques allegacions de coustumes de pais ou autres au contraire, lesquelles sont dampnées par les ordonnances royaulx ; *nec obstat* se il a sommé les gens du Roy car il a esté desobeissant a leurs commandemens et encores n'a il fait aucune restitucion des biens du sire de Barbasan par lui prins et emportez en ses chasteaulx, non obstant defenses a lui faictes par les gens du Roy, car ledit de Barbasan estoit lors prisonnier. Conclut comme dessus.

Duplique le conte que le sire de Barbasan ne nye pas qu'il ne tiengne fief de foy et de hommage dudit conte; et par ce puis qu'il est vassal il ne se puet ne doit armer contre son seigneur, posé qu'il n'ait fait point de hommage, et est vray que il a fait hommage et foy au pere dudit conte, laquelle se extent aus successeurs ne le vassal ne puet renoncier a son fief. Et se le conte a prins le fief en sa main, il le povoit faire puisqu'il estoit ainsi grevé par son vassal. Et a esté cest arrest fait dudit fief depuis la guerre faitte par ledit de Barbasam. Au fait des gibés, dit que le sire de Barbasan se parti trois ou quatre jours avant ce qu'ilz fussent dreciez et estoit le merrien tout prest avant son partement; et attendi sa venue ycellui conte avant ce qu'il en voulsist faire aucune mencion; et lors envoya par devers ledit de Barbasan et apres par devers les gens du Roy comme dit est. A la lettre que ledit de Barbasan dit avoir des gens du Roy, que il soit tenus en estat sur la reedification desdis gibés, dit que s'aucune en y a, elle n'est pas de justice et auroit esté octroyée sans appeller le conte. Au fait du preste tué par le bastart, dit qu'il est en bonne santé; et posé que ledit bastart ne voulsist paier ce qu'il devoit au seigneur de Barbasan et qu'il eust tué le preste, ce n'estoit pas cause souffisante pour mettre le sieige devant la dicte forteresse et bouter le feu comme dit est. Et dit que l'assault et le pillage et ce qui fu fait a la dicte Biere fu fait au commandement et sceu du seigneur de Barbasan, car il ot le pillage en son chastel, et partirent les gens d'armes de son chastel et par ainsi il ratifioit le fait dont il ne se peut excuser par ce que dit est. A ce que le seigneur de Barbasan a eu en sa compaignie des Engloiz, lesquelx sont venus devers lui sans mander, dit que ce lui tourne en grant blasme, mais le conte n'a peu finer d'avoir Engloiz en sa compaignie ; et supposé qu'il en eust en soy defendant il n'auroit en riens meffait ne offendu ; mais a tousiours obei, et s'il a fait guerre ce a esté en défendant et poursuivant ses biens et prisonniers detenus par le seigneur de Barbasan, ce qui lui loisoit en fait de guerre comme defendeur ; et se les gens du Roy lui ont fait defenses aucunes, il en auroit appellé. Dit que le conte vint a Thoulouse de sa voulenté au traictié du bastart de Montagu ; dit que dedens quatre jours apres Noel on devoit rendre au conte ledit bastart et son filz et dedens les Roys ensuivans acomplir et sceller la cedule de la Court. Conclut comme dessus.

Le procureur du Roy dit que ce que propose le conte que il loist au pais de faire de guerre sens congié du Roy, et aussi qu'il povoit avoir Engloiz a son aide contre le sire de Barbasan et (1) tout dempnable et requiert que ainsi soit dit ; et que ledit sire de Barbasan soit arresté par la court jusques a ce qu'ilz aient proposé contre lui pour le Roy ce qu'il appartendra.

La Court aujourdhui a fait defense au sire de Barbasan qu'il ne parte de Paris jusques a la voulenté de la Court, et sera oy le procureur du Roy et ledit sire de Barbasan lundi prouchain en ce qu'ilz vouldront dire l'un contre l'autre.

Et en tant que touche l'eslargissement dudit conte, appointié est que ledit conte sera eslargy parmi la conciergerie du Palais seulement a bonne caution et eslira domicile.

Ledit conte a esté eslargi selon le contenu cy dessus escript a la caucion de messire Marquis de Cardillac, seigneur de Montbrun et de Cardillac (2), chevalier ; d'Ernault Rogier de Commen-

(1) *Sic*, pour est.

(2) Marques de Cardaillac, seigneur de Montbrun (Lot, arrondissement de Figeac, canton de Cajarc), est surtout connu par le long procès qu'il intenta, devant le Parlement de Paris, au comte Bernard VII d'Armagnac, pour se faire

ges, seigneur d'Encausse (1) et frere du viconte de Couserans (2); messire Jehan Savardan, seigneur de Saint-Orans (3) de Haulsoupuy; Eudes, seigneur de Saincte Jame, escuier (4); Ademard, sire de Mareval, escuier (5); Pierre de Gierre, seigneur de la Mote du Puy (6); Bernart de Sausede, escuier, seigneur de Cornay et de Samasan (7); Sangassier de Villepainte, filz du seigneur de Lescurry, escuyer (8); lesquelx se sont constituez plesges fidejusseurs pour ledit conte, corps pour corps et avoir pour avoir,

restituer son château de Montbrun (Arch. nation., X1a 44, f° 110), arrêt du 15 janvier 1397. Bibl. nation., coll. Doat, vol. 191, f° 26).

(1) Haute-Garonne, arrondissement de Saint-Gaudens, canton d'Aspet.

(2) Il s'agit sans doute d'Arnaud Roger de Comminges, second fils de Roger de Comminges, vicomte de Conserans, et d'Isabeau Trousseau, vicomtesse de Bruniquel, plus connu sous le nom de vicomte de Bruniquel (Voir P. Anselme, *Histoire généal. de la Maison de France*, II, pag. 645).

(3) Saint-Orens, arrondissement de Lectoure, canton de Mauvezin.

(4) Odon de Gères, seigneur de Sainte-Gemme, fut l'un des témoins, le 8 octobre 1392, de la procuration faite par Marguerite de Comminges, veuve de Jean III, comte d'Armagnac, pour épouser Jean de Fezensaguet, fils du comte de Pardiac. On trouvera cité dans une autre pièce un Bernardon de Sainte-Gemme, écuyer du comte d'Armagnac en 1400. Le 11 octobre 1418, Manauton de Gères, seigneur de Sainte Gemme, fils d'Odon, rendit hommage au comte Jean IV d'Armagnac comme vicomte de Fezensaguet (Bibl. nation., *Trésor généalogique de Villevieille*, vol. 80, folio 66). Sainte-Gemme est dans le canton de Mauvezin (Voir dans le *Nobiliaire de Guyenne et Gascogne* la généalogie de la maison de Gères, tom. III, pag. 13).

(5) Ademard, seigneur de Maravat, canton de Mauvezin, de Lalanne en Correnseguet, coseigneur de Casteljaloux et de Miramont, n'eut que deux filles. L'aînée, Navarre, épousa Carbonnel de Lupé à qui elle porta Maravat, Lalanne et autres terres.

(6) Pierre de Gères, damoiseau, chargea noble Roux de Manas de prêter en son nom serment de fidélité au comte Bernard VII d'Armagnac, comme vicomte de Fezensaguet, le 8 février 1403. Il eut pour héritier Antoine de Gères, seigneur de la Mothe-Pouy, qui rendit hommage au comte Jean IV d'Armagnac, le 21 mars 1422 (Bibl. nation., *Trésor généalogique de Villevieille*, vol. 43, f° 109 v°). Pierre de Gères était en 1400 sénéchal d'Armagnac et de Fezensac (Voir Généalogie de Gères, *l. c.*). La Mothe-Pouy est dans Mauvezin.

(7) Cornac est un château situé dans la commune de Ricourt, canton de Marciac. Samazan se trouve dans la commune de Saint-Justin, canton de Marciac. Les seigneuries de Cornac et de Samazan ont passé à la famille d'Antras et ont appartenu à Jean d'Antras, l'auteur des curieux *Mémoires*. Voir la généalogie de la maison d'Antras à la suite de ces *Mémoires* édités par M. J. de Carsalade du Pont et M. Tamizey de Larroque.

(8) Lescurry, Hautes-Pyrénées, arrondissement de Tarbes, canton de Rabastens. Villepinte, fief près Cazaux en Pardiac (Cazaux-Villecomtal, canton de Marciac).

de lui faire tenir son dit eslargissement. Et le dit conte a promis a les desdommagier; et ledit conte a esleu son domicile en l'ostel maistre Symon de Dompmartin, son procureur.

JEUDI XXIIIIe JOUR DE DÉCEMBRE MIL CCC IIII^{XX} ET QUINZE : SENS, BOSCHET, BOISY.

Entre le procureur du Roy, d'une part, et le conte de Pardiac, d'autre part; dit le procureur du Roy [que le conte] conceut pieça hayne contre aucuns parens et neveux de la dame vieille et contesse de Commainges (1), c'est assavoir contre messire Jehan et messire Girart de Lantar (2) ; et a un certain jour a Thoulouse,

(1) Jeanne de Comminges, veuve du comte Pierre Raymond II de Comminges, mort à la fin de 1375, était la mère de la comtesse Marguerite. Au mois de janvier 1376, la comtesse Jeanne, attaquée par le comte de Foix, avait promis de marier sa fille au fils du comte Jean II d'Armagnac ; mais, le danger passé, elle avait tenté de violer tous ses engagements. Le mariage projeté s'accomplit cependant, grâce à un soulèvement des nobles du Comminges ; et, comme on redoutait à bon droit les intrigues de la comtesse Jeanne, le comte Jean II d'Armagnac la fit interner à Lectoure, de l'aveu du duc d'Anjou, lieutenant général du Roi en Languedoc, qui approuva pleinement sa conduite par lettres patentes du 6 juillet 1378 (Bibl. nation., coll. Doat, vol. 200, folio 87). Après la mort du comte Jean III, Marguerite de Comminges, secondée par le comte de Pardiac, mit tout en œuvre pour délivrer sa mère. Dans ce but, elle intenta un procès devant le Parlement de Paris au duc de Berry, lieutenant général en Languedoc, qui s'opposait à la mise en liberté de la comtesse Jeanne, et subsidiairement au comte Bernard VII d'Armagnac, lequel ne joua dans le procès qu'un rôle tout à fait secondaire (Archives nationales, X^{1a} 1476, folio 128). — Marguerite obtint gain de cause. Le comte d'Armagnac, dont l'attitude fut toujours des plus conciliantes, obéit scrupuleusement à un premier arrêt du Parlement du 22 juin 1392, qui ordonnait que la garde de la comtesse Jeanne serait confiée au sénéchal de Toulouse (Arch. nation., X^{1a} 37, folio 219 verso). Un second arrêt rendu le 7 janvier 1394, remit Jeanne de Comminges en pleine liberté (Arch. nation., X^{1a} 1477, folio 399 verso). A peine délivrée, la comtesse Jeanne n'eut rien de plus pressé que de troubler de nouveau le comté de Comminges par ses intrigues. Elle intenta un procès criminel devant le Parlement à un certain nombre de seigneurs accusés d'avoir pris part à son arrestation en 1377, et notamment à Roger de Comminges, seigneur de Roquefort, dont il sera question plus loin (Arch. nation., X^{2a} 12, folio 312). En même temps, des discussions d'intérêt la brouillaient avec sa fille, et un parti hostile à Marguerite se formait en sa faveur sous la direction de Jean et de Gérard de Lantar.

(2) Jean et Gérard de Lantar ou de Lanta (Haute-Garonne, arrondissement de Villefranche de Rouergue), étaient des serviteurs dévoués de la maison de

au disner, present le viconte de Car... (1), dist le conte que il estoit venu a sa congnoissance que aucuns nobles et autres seigneurs du pais avoient fait une aliance pour la dicte dame contre la jesne contesse sa fille et que il les en paieroit et s'en repentiroient; en proferant par ledit conte plusieurs autres menaces contre la dicte dame et ses gens, en disant oultre *que le bastart de Commainges avoit tant mengié de son pain et n'avoit pas mis a mort messire Jehan de Lantar, chevalier.* Et depuis ledit conte manda le bastart et s'assemblerent ensemble a Thoulouse et machinerent de villener ledit de Lantar. Et depuis ce temps, ledit bastart acompaignié d'environ cinquante hommes armez, et en y avoit la plus grant partie de ceulx qui avoient mené la guerre pour le conte a l'encontre du seigneur de Barbasan, se partirent de la terre du conte et en un pré assaillirent ledit messire Jehan et de leurs dagues et espées lui firent xlii plaiees, et a messire Girart son frere VII ou dix plaiees et au filz dudit messire Jehan XII plaiees, dont les dis freres et filz dudit messire Jehan morurent. Et en faisant ledit assault, ledit bastart et ses complices crioient : *Comminges.* Et apres le fait se trairent ou chastel dudit conte : lesquelles choses n'eussent pas esté faictes par ledit bastart s'il n'eust esté porté par ledit conte par le consentement et voulenté duquel se faisoient les choses dessus dictes. Si conclut contre ledit conte qu'il soit punis en corps et en biens et mis en proces extraordinaire et la verité sceue par sa bouche, et tenir prison jusques a ce qu'il ait fait comparoir ceans lesdis bastart et maufaicteurs.

Defent le conte que tousjours il a amé messire Jehan et messire

Comminges. Jean de Lantar figure comme témoin dans différents actes, notamment dans le traité de paix conclu en 1377 entre le comte de Foix et le comte d'Armagnac, allié de la comtesse Jeanne de Comminges.

Le 10 octobre 1384, Gérard de Lantar fut présent à l'hommage prêté par Arzieu de Montesquiou au comte d'Armagnac (Bibl. nation., *Trésor généalogique de Villevieille*, vol. 51, pag. 74). En 1392 et 1393, il prit une part active aux démarches faites pour rendre la liberté à la comtesse Jeanne de Comminges (Bibl. nation., coll. Doat, vol. 193, folio 45). Après le meurtre de Jean et de Gérard de Lantar, leurs enfants promirent par serment au comte d'Armagnac, le 10 octobre 1394, de le servir envers et contre tous (Bibl. nation., coll. Doat, vol. 206, folio 19).

(1) (*Sic*) Car... pour Caraman.

Girart de Lantar freres, et estoient ses parens ; et est vray que messire Girart fu prisonnier du conte de Foix et ledit conte le racheta du sien. Dit que plusieurs fois il leur a donné chevaux, argent et est moult courroucié de l'inconvenient des dis freres. Dit que messire Roger de Comminges (1) et le bastart, dont dessus est faicte mention, frere, avoient guerre mortele contre lesdis messire Jehan et messire Girart ; et fist tant ledit conte que il les mist a accort, mais la guerre est renouvellée pour une commanderie donnée a un parent desdis Lantar (2). Et pour ce ledit messire Jehan envoya deffier ledit messire Roger et escripsi lettres audit bastart : *que il se faisoit appeller bastart de Comminges sans cause, car il estoit filz de savatier, et que s'il le povoit tenir il le feroit mourir.* A quoi respondi ledit bastart : *que puisqu'il estoit fils de savatier, il cogniseroit son alanne par tele maniere que, contre ledit messire Jehan, il sauroit lequel poindroit plus fort, ou l'alanne dudit messire Jehan ou l'alanne dudit bastart.*

Et par maintesfoiz se sont espiez, se sont ventez par plusieurs fois en presence de plusieurs personnes lesdis messire Roger et

(1) Roger de Comminges, seigneur de Roquefort, avait beaucoup contribué, en 1377, au soulèvement des nobles du Comminges contre la comtesse Jeanne qui lui intenta plus tard de ce chef un procès criminel (voir la note pag. 28).

La généalogie des seigneurs de Roquefort, Guitaut et Laferrière ne commence dans le Père Anselme (*Hist. généal. de la maison de France*, II, pag. 663) qu'à Jean de Comminges, seigneur de Roquefort, qui fit son testament le 25 mai 1465 et eut pour fils un Roger de Comminges, marié en 1467 à Alix de Rivière.

La Chesnaye-Desbois (*Dict. de la Noblesse*, voir pag. 78), donne au chef de la branche de Roquefort le nom de Roger au lieu de Jean, en ajoutant qu'il était peut-être fils d'Aimery IV, baron de Peguilhan, sénéchal de Comminges, qui vivait en 1416, et de Jeanne de Coarraze. Cette dernière assertion se trouve contredite par l'existence de ce Roger de Comminges, adversaire de la comtesse Jeanne, lequel, d'après son propre témoignage, avait 70 ans en 1406. (Arch. nation., X2a 15, f° 115 v°.) Les fils de Jean de Lantar intentèrent en 1406, à Roger de Comminges, un procès criminel devant le Parlement, procès qui n'eut pas de résultat. (Arch. nation., X2a 14, f°s 307 v°, 333 v°, 343 v°, 352 v°, 353 v° et 394. — X2a 15, f°s 115 v° et 188.)

(2) Sans doute Jean de Lantar, chevalier de l'ordre de Saint-Jean de Jérusalem, qui, le 25 février 1385, rendit hommage au comte d'Armagnac pour une commanderie sise dans la vicomté de Lomagne. (Bibl. nation., *Trésor généalogique de Villevieille*, vol. 51, pag. 74.)

Ce Jean de Lantar était prieur de Toulouse en 1394. (Bibl. nation., coll. Doat, vol. 206, f° 193.)

bastart que s'ilz povoient trouver ledit messire Jehan ils le mettroient a mort. Et dont pour ce le fait est ensuy et en est la commune renommée au pays. Dit que le conte est innocent du fait dessusdit, et aussi le procureur du Roy ne le charge point d'avoir esté au fait mais seulement de presumption laquelle n'est aucunement vallable; et se il a debat entre la vieille contesse de Comminges et la jeune pour cause des fruis des deux chastelleries de la dicte vieille contesse que elle demandoit a sa fille, dont icelle fille se excusoit sur son mary, on ne doit presumer contre ledit conte que il eust voulu grever lesdiz de Lantar, lesquelx peut estre estoient du conseil de la dicte vieille contesse, ne ceste presumption n'est pas souffisante contre ledit conte lequel a tousiours amé lesdiz de Lantar, et furent ceulx qui traicterent le mariage du filz dudit conte et de la jeune contesse et reparroient souvent en l'ostel dudit conte, et par ce appert l'amistié qu'ilz avoient audit conte et le conte a eulx. Et est vray que dudit fait les amis et parens desdiz de Lantar treuverent ledit conte pour innocent et il appert assez, car ilz ne se font aucunement partie contre ledit conte et n'y a contre lui partie, fors seulement le procureur du Roy qui ne se fonde que par presumption.

Dit oultre qu'il n'est pas a presumer que le conte ait fait ne fait faire ledit fait, car ou temps que le fait advint ledit conte estoit prisonnier. Au fait du disner dont parle partie adverse, dit que a un jour le conte disna avecques le viconte de Carmaing et mena disner avecques lui ledit messire Girart de Lantar et aucuns autres seigneurs lesquelx apres disner distrent audit conte que la vielle contesse lui prioit que il feist l'accort d'elle et de sa fille, a quoy il respondi que nonobstant qu'elle eust dit que ycellui conte l'avoit menacié de la prandre et emprisonner s'elle passoit par la terre dudit conte, dont il n'estoit riens, toutesvoies seroient tousjours amies la mere et la fille, et que voulentiers il feroit l'accort; et nye que il dist autres paroles sentans menaces. Au fait du bastart, dit que, apres le fait advenu, le bastart se voult retraire en un des chasteaulx dudit conte, mais l'entrée lui fu refusée par les gens dudit conte, comme il lui fu rapporté, pour ce que il estoit renommé que ledit bastart avoit comis les fais dessus diz. Et apres en la compagnie d'un chevalier appellé messire Benedit qui aloit veoir le conte de Comminges, ledit bastart entra ou chastel dudit conte de Perdiat, mais pour doubte de justice ledit bastart s'enfouy hors de la ville le plus secretement qu'il peut. A ce que partie adverse dit que le conte manda le bastart a Toulouse, dit que il ne lui manda oncques ne oncques ne le vit a Thoulouse.

Dit que le procureur du Roy ne fait a recevoir : car au pais la coustume est tele que le procureur du Roy ne peut poursuir pour crime s'il n'y a partie avec le Roy. Dit oultre que peut estre que pour ce que les gens du pais disoient que ledit messire Jehan les avoit appellez traictiez et que il ne l'estoient pas, mais l'estoit ledit messire Jehan de Lantar, le dit conte avoit dit que les bastars ont acoustumé de admener a justice les traictes, dit que des choses dessus dictes ledit conte est pur et innocent. Conclut que il est en cas d'absolution et que partie adverse ne soit a recevoir.

VENDREDI XXIIIIe JOUR DE DECEMBRE MIL CCC IIII^{XX} XV...
OU CHASTELET EN LA HAULTE SALE...

Messire Gerart d'Armignac, conte de Pardiac et de Fresensaguel, prisonnier eslargi de la court de ceans par la conciergerie du Palais *sub penis* etc..., a la caucion de messire Marquis de Cardilhac, seigneur de Cardilhac et de Montbrun, chevalier; Arnault Rogier de Comminges, seigneur d'Encausse et frère du vicomte de Conserans; de messire Jehan Savardan, seigneur de Saint-Orans de Haulsompuy; Eudes, seigneur de Sainte Jame, escuier; Ademard, sire de Mareval, escuier; Pierre de Gierre, seigneur de la Mote du Puy; Bernard de Sausede, escuier, seigneur de Cornay et de Samasan; Sangassier de Villepainte, filz du seigneur de Lescurry, escuier. Tout considéré, par ordenance de la court, est eslargi parmi le circuite de tout le palays royal a Paris, a la caucion des dessus nommés, laquelle il a renouvellée quant a ce. Et se sont lesdis pleges obligiez pour ledit conte de lui faire tenir son eslargissement et ledit conte a promis a les desdomagier etc... *sub penis*, etc. Et au surplus de l'appoinctement autreffois fait en ceste matiere ne sera mué aucune chose quant a present.

SAMEDI XXIIe JOUR DE JANVIER MIL CCC^{XX} XV, AU CONSEIL : SENS, BOSCHET, MARLE, BOISY.

Messire Gerart d'Armignac, conte de Pardyac et viconte de Fesenzaguel, chevalier, et messire Manault seigneur de Barbasan, chevalier, prisonniers de la court de ceans pour plusieurs murtres, feux boutez, larrecins et autres crimes commis et perpetrez par lesdis prisonniers ou leurs gens, ou fait de certainne guerre meue a baniere desploiée entre eulx, et dont ilz sont poursuys en la court de ceans, lesquelx prisonniers et mesmement ledit conte, eulx oys a plain ceans sur tout ce que dit est, avoit esté eslargis parmi la conciergerie du Palays, comme contenu est cy dessus ; et depuis par arrest de la court de ceans avoient tous esté eslargis parmi la ville de Paris, comme au dit arrest est contenu, aujourd'uy par ordenance de la dicte court sont eslargis partout *sub penis* etc... acoustumées en cas criminelz, parmi ce qu'ilz se sont obligiez sur les dictes peinnes et obligacions et de corps et de biens qu'ilz ne procederont ne feront proceder aucunement par eulx ne par les leurs par voie de fait ne de guerre l'un contre l'autre. Et ont esleu leurs domiciles, c'est assavoir ledit conte en l'ostel maistre Symon de Dompmartin, son procureur, oultre Grant Pont, a Paris, et ledit de Barbasan en l'ostel de l'Escu Saint George, en la rue de la Harpe, oultre Petit Pont, a Paris.

IV.

PARIS, 5 JANVIER 1396 (n. s.).

ARRÊTS DU PARLEMENT.

(Archives nationales, X2a 13, f°s 114 v°-117. — Registre original.)

Arrêts élargissant Manaud de Barbazan (f° 114 v°), et le comte de Pardiac (f° 116) par toute la ville de Paris, et ordonnant que le procureur du Roi pourra faire mettre à néant toute allégation tendant à affirmer qu'en Gascogne il est permis de faire la guerre sans le consentement du Roi (1).

V.

22 JANVIER 1396 (n. s.).

LETTRES ROYAUX

METTANT FIN AU PROCÈS DU COMTE DE PARDIAC ET DE MANAUD DE BARBAZAN.

(Archives nationales, X2a 13, f° 98 v°. — Registre original.)

Le texte de ces lettres est conforme aux décisions prises par la Cour dans sa séance du même jour. (Voir plus haut, page 33.)

VI.

29 JUILLET 1396.

ARRÊT DU PARLEMENT

CONTRE LE COMTE DE PARDIAC.

(Archives nationales, X1a 43, f° 196 v°. — Registre original.)

Cet arrêt confirme une sentence du lieutenant du Sénéchal de Carcassonne qui condamnait Géraud d'Armagnac, comte de Pardiac, à payer une somme de 297 livres 8 sous, frais de sa détention à Car-

(1) Les nobles de Gascogne avaient cependant obtenu à plusieurs reprises des rois de France l'autorisation de se faire la guerre, pourvu que les hostilités fussent toujours précédées d'un défi. Voir les *Archives historiques de la Gironde*, IV, pag. 80 et 153.

cassonne pendant une période de treize mois environ, à « Johannes d'Arecourt, dictus Picart », lieutenant du connétable de Carcassonne, « Johannes de Mundo, Petrus de Coleto, Bernardus Brasse, Johannes de Valongne, Girardus Pasticeerius et Jordanus Bethus », dont les gages, fixés par lettres royaux, s'élevaient : pour Jean d'Arecourt, à six sous par jour, et pour les autres à trois sous par jour.

VII.

PARIS, JANVIER 1410 (n. s.).

LETTRES DE RÉMISSION

ACCORDÉES A BERTHOULD DE GRAMONT.

(Archives nationales, JJ. 164, f° 57, n° 101. — Registre original.)

Ces lettres de rémission complètent le récit du meurtre de Jean et de Hunaud de Lantar, déjà fait dans le procès du comte de Pardiac contre Barbazan. Nous avons donc cru devoir les rapprocher des pièces du procès, malgré l'écart des dates.

REMISSIO PRO BARTHOLOMEO DE GRANDIMONTE.

Charles, etc. Savoir faisons a tous presens et avenir Nous avoir oy l'umble supplicacion des amis charnelz Berthoult de Gramont, filz legitime et naturel de feu Bernart de Gramont, jadiz chevalier et seigneur de Sauvenx (1) en la conté de Commenge et seneschaucié de Thoulouse, contenant que, le dit Berthoulz estant en l'aage de XVIII ans ou environ, certaine guerre fut meue il a XVI ans ou environ entre feux le conte de Pardiac et le sire de Barbasan ou pays de Gascongne, au quel temps icellui Berthoult se mist au service et compaignie comme varlet d'un nommé Garciot soy disant et affermant bastart de Commenge, lequel avoit et menoit lors en sa compaignie environ L hommes d'armes au service dudit conte de Pardiac; durant laquelle guerre ledit bastart, estant au lieu dit Malvesin, en Fezensaguet, appartenant

(1) Saubens, Haute Garonne, canton de Muret.

audit conte de Pardiac, dist a plusieurs de sa dicte compaignie qu'il avoit oy nouvelles que ledit de Barbasan avec ses gens devoient passer par le pays de Commenge, pres de Lisle en Dodon (1) ou demouroit pour lors nostre bien amée Jehanne veusve de feu le conte de Commenge, et qu'ilz s'armassent et feissent armer ses gens pour veoir s'ilz les pourroient rencontrer et courir sus; lequel bastart avec sa compaignie partit, la veille de la Saint Jehan Baptiste lors cheant, dudit lieu de Mauvezin qui est pres dudit lieu de Lile en Dodon par v ou par vi lieues ou environ avec sa dicte compaignie, et arriverent audit lieu de Lile environ souleil couchant, et a l'eure que l'en alume par dela les feux de ladicte veille de la Saint Jehan; et dient aucuns que ledit bastart expressement et de guet appensé vint audit lieu de Lile plus pour rencontrer et murdrir Jehan de Lantar, chevalier, lequel il savoit estre avec ladite contesse, par esperance qu'il le trouveroit ausdiz feux de la Saint Jehan, que par (*sic*) rencontrer ledit de Barbasan et ses gens, et que ce estoit sa principal entreprinse, ja soit ce que ledit Berthoult ne de l'une ne de l'autre sceust aucune chose, car l'en ne tenoit compte de lui, pour lors, fors que comme d'un enfant pour ce qu'il ne faisoit que commencier a prendre l'exercice des armes et ne s'estoit encores armé fors que comme un varlet; aussi nulz des autres ne savoit que le dit bastart eust faicte autre entreprinse que de rencontrer ledit sire de Barbasan et ses gens, fors que trois ou quatre des principaulx de la compaignie dudit bastart, dont les aucuns d'iceulx ont esté executez par la justice de nostre amée et feale cousine la contesse de Commenge. Lequel bastart ainsi arrivé audit lieu de Lile avec ses gens demanda ou fist demander aux gens de la ville qu'ilz rencontrerent s'il y avoit point de gens et chevauchoient tousjours vers la ou les plus grans feux de la Saint Jehan se faisoient en la dicte ville. Et en chevauchant comme dit est, ledit Berthoult rencontra un nommé Bernart Lesquerre, lequel avoit moult longuement frequenté les armes, auquel ledit Berthoult se arresta et lui dist telles paroles : *Mon oncle le bastart et autres ont demandé s'il y a gens d'armes en ceste ville et qu'il leur avoit oy dire sur chemin*

(1) Haute-Garonne, arrondissement de Saint-Gaudens.

qu'ilz en queroient. Lequel Esquerre lui respondi *qu'il n'en savoit nulz en la ville ne environ.* Et lui estant en ses paroles, ledit bastart et ses autres gens rencontrerent Jehan et Giraut de Lantar, chevaliers, et Jehan de Lantar, escuier, filz dudit Jehan, jeunes enfans, lesquelz ilz murdrirent, tandiz que le dit Berthoult et ledit Lesquerre parloient ensemble, sans ce que ledit Berthoult eust jamaiz sceu ne ymaginé que le dit bastart eust faicte une telle entreprinse d'avoir tué et murdri lesdis chevaliers et escuier, et en fut moult dolent et courroucié, et aussi plusieurs autres de la compagnie, quant ilz sceurent que le dit bastart et ses complices eurent fais lesdiz murdres; et telement que la nuit mesmes ils cuiderent tuer icellui bastart non obstant qu'ilz feussent en sa compaignie et qu'il feust leur cappitaine, mais ledit bastart se excusa en disant que ledit Jehan de Lantar, chevalier, l'avoit deffié et menassié plusieurs foiz de le murdrir et l'appelloit *bastart filz de savetier et non pas de Commenge, et qu'il n'estoit mie digne d'estre appellé bastart de Commenge* et que aussi pareillement il l'avoit deffié. Ce non obstant et que ledit Berthoult soit innocent desdiz cas et murdres et que onques il ne vit lesdiz de Lantar mors ne vifs ne y sacha espée ne y sacha cousteau, icellui Berthoult, pour doubte et crainte de justice, pour ce qu'il estoit venu en la compaignie dudit bastart et de ceulx qui firent lesdiz murdres, se absenta dudit pays et s'en ala au pays d'Agenoys, au lieu de Moncler (1), devers un certain nostre escuier nommé Perrin Sens qui demouroit lors en garnison de par nous audit lieu de Moncler, contre noz ennemis. Lequel Perrin aincoys qu'il voulsist recevoir ledit Berthoult, icellui Berthoult lui jura que desdiz cas et murdres il n'estoit consentant ne coulpable ne tant ne quant, ne ne savoit riens de la dicte entreprinse. Lequel Perrin Sens, veant l'innocence dudit Berthoult et qu'il estoit jeune escuier filz de bon chevalier, le receut en sa compaignie; et aucun temps apres il le mist en la compaignie de nostre bien amé et feal chevalier Arnault de Marmande dit Taillecaval, du pays d'Agenoys es frontieres de Bourdeaulx. Lequel chevalier aussi aincois qu'il voulsist recevoir le dit Berthoult, icellui Ber-

(1) Monclar, Lot-et-Garonne, arrondissement de Villeneuve-sur-Lot.

thoult lui jura et afferma que desdiz murdres il estoit innocent et n'en estoit aucunement coulpable. Lequel chevalier, veant aussi l'innocence dudit Berthoult, le receut en sa compaignie, en laquelle ledit Berthoult nous a servi continuelment depuis ledit temps bien et loyaument contre noz ennemis, en leur faisant tres bonne guerre; desquelx il a esté prisonnier, plusieurs foiz bleciê et navré grandement, et perdu de son sang, et tout au prouffit de Nous, de nostre royaume et de la chose publique.

Pour lesquelles choses dessus dictes, lesdix supplians se doubtent que noz officiers ou ceulx de nostre dicte cousine de Commenge ou autres, ou lesdiz murdres furent et ont esté faiz et perpetrez comme dit est, au pourchas de partie ou parties pour le temps present et avenir, vousissent proceder par rigueur de justice, vexer et traveillier ledit Berthoult, qui estoit en ladicte compaignie dudit bastart par la manière que dit est quant lesdiz murdres furent faiz et perpetrez; et mesmement car nostre dicte cousine et ses officiers, si comme l'en dit, a fait proces contre ledit bastart et autres de sa compaignie et ont esté appellez et procedé contre eulx a bannissement, (1), auquel appel ou appeaulx ledit Berthoult n'est osé venir ne comparoir pour crainte et doubte d'estre vexé ou traveillié et autrement traictié par rigueur de justice, comme dit est, et par ce est en peril ledit Berthoult d'estre desert a tousjours maiz, se nostre grace et misericorde ne lui est sur ce impertie, si comme ilz dient; requerant humblement que ce que dit est, et que le dit Berthoult n'estoit pour lors que un jeune enfant, et qu'il n'estoit pas consentant, ne present es diz murdres, comme dit est, et ne fu onques attaint d'aucun villain cas, mais nous a toujours servi

(1) En 1406, les fils de Lantar, Jean et Manaud Hunaud de Lantar, avaient également intenté un procès criminel devant le Parlement à Garciot, bâtard de Comminges, et à ses complices « *Guillaume de Prades, Bernard de Lasorge, Raymonnet de Gaujac, Brunet de Basus* ou *de Vasus, Guillaume de Saint-Pol, Bernin de Montberaut, Pierre bastart de Piquamal, Raymon de Saint-Pastour, Le Faurat de la Fique, Jehan de Bise, Bernard de Montporcel, Barthelemi de Agrimont* [qui doit être le Berthould de Gramont, de la lettre de remission], *Rogier de Coges et Oudet de Brugimont* ». En même temps, Jean et Manaud de Lantar poursuivaient encore, comme complices du meurtre, Gaillard de La Roche, seigneur de Fontenilles, et Roger de Comminges.

(Archives nationales, X[2a] 14, f°s 307 v°, 333 v°, 343, 352 v°, et 394. — X[2a] 15, f° 115 v°, et 188.)

grandement et loyaument en noz guerres, comme dit est dessus, et aussi ses predecesseurs : Nous audit Berthoult vueillons impertir nostre dicte grace et misericorde. Pour ce est il que Nous, attendu les choses dessusdictes, voulans en ceste partie rigueur de justice estre temperée par misericorde, audit Berthoult avons quicté, remis et pardonné et par ces presentes de grace especial et auctorité royal quittons, remettons et pardonnons, en tant que besoing lui est, le fait et cas dessusdit, avec toute paine, offense et amende corporele, criminele et civile, en quoy pour occasion dudit cas, appeaulx et bannissement, s'aucuns en y a, il pourroit estre encouru envers nous et justice ; et le restituons a plain a sa bonne fame et renommée au pays et a ses biens non confisquez, en imposant sur ce silence perpetuel a nostre procureur, satisfaction faicte a partie civilement, se faicte n'est. Si donnons en mandement aux seneschaux de Thoulouse, d'Agenois, et a tous noz autres justiciers et officiers presens et avenir, ou a leurs liextenans et a chascun d'eulx, si comme a lui appartendra, que ledit suppliant de nostre presente grace et remission facent, sueffrent et laissent joir et user paisiblement, sans le molester ou empescher aucunement au contraire ; et, se son corps ou aucuns de ses biens estoient pour ce prinz ou arrestez, lui mettent ou facent mettre sans delay a plaine delivrance. Et pour que ce soit chose ferme et estable a tousjours mais, avons fait mettre nostre seel a ces presentes, sauf en autres choses nostre droit et l'autrui en toutes. Donné a Paris, ou moys de janvier l'an de grace mil IIII^{c} et neuf et de nostre regne le XXXe.

Par le Roy, a la relacion du Conseil,

GAUTIER.

VIII.

CARCASSONNE, 11 SEPTEMBRE 1400.

ACTE NOTARIÉ

RELATANT UNE DÉCISION DE LA COUR DU SÉNÉCHAL DE CARCASSONNE.

(Bibliothèque nationale, collection Doat, vol. 208, f° 231.)

Par acte donné à Mauvezin le 12 juillet 1398, document dont la copie est insérée dans l'acte notarié, le comte Géraud de Pardiac avait chargé « *Nicholaus de Casajussio,* » bachelier en lois, de Carcassonne, et « *Guillelmus Sarogne, dominus de Arzinchis,* » de prêter, en son nom, serment de fidélité au Roi pour les lieux de Preixan, Arzens, Alairac (1) et autres lieux dépendant de la baronnie de Preixan et sis dans la Sénéchaussée de Carcassonne. Mais, d'un autre côté, la prestation de ce serment avait fait naître un procès entre Géraud de Pardiac et le procureur du Roi. Après une première sentence rendue par la cour du Sénéchal de Carcassonne, les parties en avaient appelé au Parlement de Paris. Le débat était encore pendant, lorsque les fondés de pouvoir de Géraud voulurent remplir leur mission le 11 septembre 1400, par-devant le lieutenant du Sénéchal de Carcassonne. Aussi virent-ils leurs offres repoussées. Après mûre délibération, le lieutenant et les autres officiers ou jurisconsultes composant la cour du Sénéchal de Carcassonne déclarèrent que Géraud ne pouvait être admis à prêter hommage. Tout ce que les fondés de pouvoir purent obtenir, ce fut un acte notarié constatant le refus du lieutenant du Sénéchal de Carcassonne et les motifs de ce refus.

IX.

SEPTEMBRE ET OCTOBRE 1400.

PROJET DE TRAITÉ

ENTRE LA COMTESSE MARGUERITE DE COMMINGES
ET SON MARI JEAN D'ARMAGNAC.

(Biblioth. nation., collect. Doat, vol. 208, f° 240. — Copie du XVIIe siècle.)

Marguerite de Comminges avait épousé, quelque temps après le 18 octobre 1392 (2), grâce à la bulle de dispense que nous avons reproduite

(1) Département de l'Aude, arrondissement de Carcassonne, canton de Montréal. Gaston, vicomte de Fezensaguet, avait acquis du comte de Foix, par voie d'échange, la baronnie de Preixan, avec Alayrac, Arzens et autres terres, le 7 septembre 1310 (MARCA, *Hist. de Béarn*, pag. 799 et suiv.).

(2) Date de la procuration par laquelle Marguerite de Comminges charge

plus haut (1), le jeune Jean d'Armagnac, fils aîné de Géraud de Pardiac. Ce mariage disproportionné, qui flattait l'ambition de Géraud, ne fut point heureux. La mésintelligence éclata entre les deux époux et la querelle finit par dégénérer en guerre ouverte, malgré les tentatives de conciliation dont la pièce suivante nous a conservé le souvenir.

Cette pièce contient le texte d'un traité adopté le 29 septembre 1400 par Jean d'Armagnac et les réponses de Marguerite aux divers articles proposés.

Seq se la maneira deu tractat fasedor entre Johan d'Armagnac, comte de Comenge, d'una part, et Madona la comtesse de Comenge, d'autre, tractant Mossen lo comte de La Ylha (2), Mossen Guichart Dulphe (3), seneschal de Quercy par lo Rey nostre sire et loctenent de Mossen de Sancerra, connestable de France, Mossen Bertran Tourner, cavalier, loctenen de Mossen lo seneschal de Tolouse, estant en lor companhia Mossen Rotger d'Espanha, cavaler, senhor de Montespan, Mossen Pey deu Pont, licentier en loix, collector deu Pape et vicari de monsenhor l'archevesque de Toulosa, Mossen Pey Blasin, licentier en loix, jutge de crims de Tolousa, Mossen Pey de Campredon, licentier en decrets, judge d'Albiges, maistre Guillaumes Tourneur, procureur generau de la seneschaucee de Toulosa. Et fo lo dit tractat commensat ab lo dit Mossen Johan d'Armagnac, aperat son cosseilh, en lo loc de Malvesin de Fesensaguet, a vingt et nau jorn del mes de setembre, l'an milla et quoat cens.

Prumerament sus lo debat deu matrimoni que es enter las ditas partidas, cascun d'els prometeran et juraran d'estar a la conoissensa et determination de Mossen l'archevesque de Toulousa deu matrimoni et dispensation principal quant sus las dispenden-

le vicomte Hugues de Caraman, Jean de Levis, seigneur de La Garde, et trois autres mandataires, de conclure son mariage avec Jean d'Armagnac, fils du comte de Pardiac. — Imprimée dans MONLEZUN, *Histoire de Gascogne*, VI, pag. 354.

(1) Voir la pièce n° II.

(2) Le comte de l'Isle.

(3) Guichart Dauphin.

cias (*sic*); louquau judjament se fara lo plus breu que fer se puesca o d'aissi a la festa de Sainct Seruin probda venen.

— Madona de Comenge respon que sus lo contengut au precedent article era estara a la conoissença et ordennance deu judge a qui s'apertenra de decidir de dret. Quant es au compromes, non li es avist que ac dege fer, quar prohibit et de dret.

Item que totz lous autres debat que poiran esser enter lor se sosmetrau a l'ordenansa de la gens deu Rey, ausit lo dreit de cascune de las partidas.

— Madona respon que ara es presta et apareilhade de prendre a rason et justice de la court du Rey, nostre sire, quant hom li demandara per via ordinaria; et ausida era en son dreit et razos.

Item que doresenavant deguna de las partidas non fara guerra la una contra l'autre en lors terras et pais en auguna maneira; ains touta guerra cessara et via de feyt; et que los locqx qui son pres per Mossen de Comenge desdins lo comtat de Comenge seran mes en man tersa, sens pillar losdits locqs, et gardats per aquel ou aquels en qui sera comes et accordat, en qui se metan sens degun dampnatge; que no sie donat a negunes de las partidas, aliats ou ben volens d'euls. Et, la tant deffinida al terma dessus escriut, seran rendudas en aquels a qui appartenra. Et si lo debat no era deffinit audit jorn, los dits locs seran renduts au dit Mossen lo comte, sens gerar deus bees, los dits locs, en cas que la cause no s'elongues per consentiment de degunas de las partidas.

— Respon Madona que a era plaira per honor de nostre senhor lo Rey que tota guerra cessat, al que davant totas causas era fossa reintegrada et restituida de los locs que li son estats pres, et de totz los dampnatges, despens et interesses que a suffertatz per aquesta causa, majorament quel ed los li a dats ab los ennemix de nostre seignor lou Rey, et apres l'inhibition a luy faita per las gens du Rey nostre senhor.

Item que feyta la declaration sus la confession deu matrimoni que es enter lo dit Mossen de Comenge et Madona la comtessa, per Mossen l'archevesque de Tolosa ou deputat per luy o a sa court, els tendran lodit judgement et appunctament de punct en punct. Et par la execution del appunctament a tenir et accomplir las dites partidas se offren et voleran esser compellitz per la man deu Rey, nostre senhor, et de Monsenhor lo Connestable, et de Mossen lo seneschal de Toulousa et lors courts, per tal maneira cum en tal cas se pouran es deveran far.

— Madona respon cum dessus, et que vol esser compellida d'esso que devra per via ordenaria, per la court deu Rey nostre senhor, era ausida en son dreit et sas rasos.

Item lo dit tractat penden et feyta resposta a Mossen de Comenge, si Madona de Comenge prendra et se acordara en aquesta apuntament, Mossen de Comenge, ne sas gens, no correran ni cavalgaran lo dit comtat, ne en autre part deus alliats de Madona la comtessa. Laquau resposta sera feyta per las gens deu Rey d'aissi a dimenge venent per tout lo jorn.

— Madona respon comme dessus.

Item volran que las gens du Rey ajuden et puescan ajudar a la partida que sera obedien a las ordenances, que sus los debats seran feytas et apuntades, tant per las gens deu Rey quant per Mossen l'archevesque de Tholose o sa court.

— Madona respon que era tots temps es estada hobediente au Rey nostre senhor, et es presta d'obedir totjorn, cum a dit dessus, quar era sabe que nostre senhor lo Rey et sos offices faran totjourn a rason a l'une partie et a l'autre.

Item que, appuntat lodit accord enter las ditas partidas, jurat, claus et sagerat, cascune de las dites partidas aian a trametre a Toulouse de lors gens ab poder sufficien, per la persecution de lors debats, entre hoeyt jorns deu temps del accord claus davant las gens du Rey nostre senhor o de Mossen l'archevesque de Toulouse, sos offician et sa court, per commensar sos proces d'aqui a la dite jornade de Sainct-Sernin.

— Madona respon que es presta et appareilhada de respondre, quant hom li demandara re a qui ont sera tenguda de respondre, per vie ordenari, a aissi cum est dit dessus.

Item que las gens deu Rey seran et ajudaran et secourran a la partida hobedien qui volra tenir et complir les ordenansas sus las ditas terras feytas per las gens du Rey et per Mossen l'archevesque de Tolousa et sa court, encontra la partida adversa, per rason et justice.

— Madona respon que era es certa que lo Rey nostre senhor

et sos offices faran a rason et justicia a las partidas, aissi cum dessus es dit.

X.

SAINT-MARTIN-DE-LAS-OUMETTES, 12 OCTOBRE 1400.

EXTRAIT D'UNE LETTRE

DU CHANCELIER D'ARMAGNAC AU COMTE BERNARD VII.

(Bibliothèque nationale, collection Doat, vol. 208, f° 248. — Copie du XVIIe siècle.)

Le comte Bernard VII d'Armagnac, sollicité à la fois par la comtesse Marguerite de Comminges et par son adversaire, s'était déclaré en faveur de la comtesse, mais sans intervenir personnellement dans la lutte des deux époux, car il était parti pour Poitiers où il allait rejoindre son beau-père le duc de Berri (1).

Ce fut probablement pendant son voyage en Poitou que le comte d'Armagnac reçut de son chancelier, Bernard de Grossoles (2), la lettre d'affaires, dont nous extrayons un passage relatif à la guerre de la comtesse de Comminges contre son mari.

... Lo senescalc d'Armagnac e yo em estats ensemps a Vic (3); et auem trames La Hala (4) en Comenge per saber totas novelas. Et tenem los sirvens prests per anar, si ops es; mas be pensi que no sera ops de presen, quar aquela gen son tots espartits en divers locs, que no son pas tots en un loc, ni demoran gayre en loc, que tot jorn se mudan; ni fan pas aparelh de metre seti al loc que Mossen Pons de Castilhon a pres, loqual s'apela Mascaras (5).

(1) Le voyage du comte Bernard VII en Poitou est postérieur au 17 février 1400 (Arch. de Tarn-et Garonne, série C, fonds d'Armagnac, numéro prov. 920, f° 465). D'un autre côté, Bernard VII avait rejoint son beau-père antérieurement au 3 décembre de la même année (Arch. nationales, P. 1363[2] cote 1247.)

(2) Bernard de Gorsoles ou de Grossoles, seigneur de Saint-Martin-las-Oumettes, était chancelier d'Armagnac depuis l'avènement de Bernard VII.

(3) Sans doute Vic-Bigorre.

(4) Peut-être Jean La Hila, châtelain de Vic-Fezensac en 1413.

(5) Hautes-Pyrénées, arrondissement de Tarbes, canton de Tournay; ou Gers, canton de Marciac.

Las gens de Monsenhor de Lebret (1) seran an Madona de Comenge; e Ramonet de Sort (2) es a taube d'acort de venir la servir. E dits hom que seran tots aquels de cent a sieis vint homes d'armas. Hom m'a dit que lo senhor de Fontanilhas (3) es anat a vos, et pensi que per la aurets sabut l'estat de la besonha.

La letra que vos trametiats al senhor de Fiumarchon (4) no es pas venguda, quar lo messatgier la a perguda, o no li fos punt ballada ; per que, si vos plats que de novela la escriuats, e que fasats mension cum per auant li auiats escrit, mas que entendets que la lettra s'es perguda per aventura, sera bon. E sapiats que gran partida de sos gentils[homs] li disen que no volen gayre anar contre Comenge, pueys que a vos no plats. Totas bets yo li e tramets lo juge de Lomanha. E afin que creses que vos li auiats escrit, li e fayt mostrar l'artigle de la letra que m'auets tramesa, laqual fay mension de la. E per que sapiats la resposta que a fayta, vos trameti la letra que lo jutge m'a tramesa.

... Escrite a Saint-Martin (5), a doutze d'octobre l'an mil quatre cens.

(*Signat*) B. de Gorsol.

(*Et au dessus es escriut*) A Monsenhor lo comte d'Armanhac.

(1) Charles d'Albret, plus tard connétable de France.

(2) Célèbre chef de bandes.

(3) Gaillard de La Roche, seigneur de Fontenilles, appartenait à une famille encore existante qui a fondé la ville de Miélan. Il fit ses premières armes sous le duc d'Anjou en 1397 (Bibl. nation., *Trésor généal. de Villevieille*, vol. 76, f° 63). En 1392, il fut chargé de réclamer auprès du comte d'Armagnac la mise en liberté de la comtesse Jeanne (Bibl. nation., coll. Doat, vol. 193, f° 45). Dès lors, son nom apparaît fréquemment dans l'histoire du Comminges. Dévoué à la maison d'Armagnac, dont il tenait la seigneurie de Castéra-Lectourois, département du Gers, canton de Lectoure (Bibl. nation., *Trésor généal.*, vol. 76, f° 66), il joua un rôle important dans les événements de 1400 et, en 1412, se mit à la tête des seigneurs de Comminges révoltés contre Marguerite parce qu'elle voulait se joindre aux adversaires de Bernard VII (Arch. des Basses-Pyrénées, E. 425, *Lettres de Charles VI*, du 23 novembre 1412).

(4) Géraud de Lomagne, seigneur de Fimarcon, Donzenac et Boussac, fils d'Odet de Lomagne et de Catherine de Ventadour, avait succédé à son père vers 1378.

(5) Saint-Martin-de-las-Oumettes, commune de Mauroux, département du Gers, arrondissement de Lectoure, canton de Saint-Clar.

XI.

TOULOUSE, 20 JANVIER 1401 (n. s.).

LETTRES DU SÉNÉCHAL DE TOULOUSE

DÉFENDANT DE S'ARMER EN FAVEUR DE MARGUERITE DE COMMINGES OU DE SON MARI, JEAN D'ARMAGNAC.

(Biblioth. nation., collect. Doat, vol. 208, f° 255. — Copie du XVIIe siècle.)

Colardus d'Estoutavilla, miles, dominus de Torchiaco, cambellanus domini nostri Regis, ejusque senescallus Tholozanus et Albiensis, discreto viro. judici Rivorum, ac cuicumque servienti armorum aut alteri Regis, et quibuscumque bajulis et justiciariis dictæ nostræ senescalliæ, ad quos presentes litteræ pervenerunt, aut loca tenentibus, salutem.

Cum, per ordinationes et mandata Regis, diu est, facta, et publicata, et præconisata in villa Tholosæ, et certis aliis locis solemnibus nostræ dictæ senescalliæ, inhibitum fuerit quibuscumque personis cujuscumque dignitatis, status, seu conditionis existerent, ne aliquas gentes in regno Franciæ congregare, nec aliquam guerram facere seu indicere, haberent, infra regnum, contra aliquos subditos, alligatos seu confederatos dicti domini nostri Regis, nec ipsas gentes armorum acceptare in eorum villis seu fortaliciis, absque licentia et authoritate ejusdem domini nostri Regis, seu alterius ab eodem potestatem habentis ; perventoque ad nostri notitiam quod, inter egregios Johannem Arminiaci, comitem se dicentem Convenarum (1), et dominam Margaritam, comitissam ejusdem comitatis, guerra et congregatio gentium armorum fiebat;

(1) On voit que la lettre du sénéchal de Toulouse s'applique de la façon la plus explicite au fils du comte de Pardiac, Jean d'Armagnac, lequel prenait le titre de comte de Comminges, comme mari de Marguerite. Néanmoins les auteurs de l'histoire du Languedoc ont cru, par une inadvertance singulière, que cet acte visait le comte Bernard d'Armagnac. Ils en ont conclu que Bernard VII faisait la guerre à la comtesse Marguerite, et qu'il prétendait avoir des droits sur le comté de Comminges, ce qui est absolument faux (Voir *Hist. de Languedoc*, IV, pag. 415). Cette grave erreur, qui dénature si singulièrement les faits en prêtant le plus vilain rôle au comte d'Armagnac, n'a pas manqué d'être répétée par tous les historiens.

volentes servare et servari facere, prout decet, dicta mandata et ordines regios, nec non idemnitati Regis, rei publicæ et patriæ, ac senescalliæ per nos commissæ providere, et ex mandato etiam egregii viri domini constabularii Franciæ, capitanei et gubernatoris patriæ Linga occitaniæ et ducatus Aquitaniæ pro dicto domino nostro Rege, inhibuissemus et inhibi fecissemus præfatis comiti et comitissæ, et quibuscumque aliis subditis Regis, ne ad dictam guerram faciendam ulterius procederent, sed ab inceptis desisterent, sub omni ea pœna quam incurere possent erga dictum dominum nostrum Regem ; nec non etiam dictis subditis, ne in aliquo ipsos, in faciendo dictam guerram, haberent juvare, succursum, seu aliquos opem seu favorem præstare, nec ipsos, seu gentes suas guerram facientes, seu facere volentes, in eorum fortaliciis receptarent, opem, consilium nec favorem aliquos præberent, et sub dicta pœna eidem Domino nostro Regi apponenda : nihillominus, in contemptum et in spretum et vilipendium ejusdem domini nostri Regis, damnumque ejusdem, et rei publicæ, et subditorum Regis læsionem, a dicta guerra non desisterunt, nec desistere fuerunt dedignati, sed potius gentes armorum diversorum locorum et patriarum congregarunt in magno nostro [damno] ; et quod penes est, Anglicos, et alios inimicos et adversarios ejusdem domini nostri Regis et regni, cum armis, ac eorum societatem et comitiam in eorum fortaliciis quæ tenent ad eodem domino nostro Rege sub homagio et fidelitat[is] juramento intrare fecerunt et p[er]miserunt (1), et abinde guerram et patriam regiam discurrere, et aprisionare tam subditos regios immediate quam alios, tam in terra ejusdem domini nostri Regis, quam etiam vassallorum et subditorum suorum, aprisionare, vulnerare, deprædari, et interficere fecerunt et p[er]miserunt; et cum dictis rapinis, prædis, prisionerios in dictis locis et fortaliciis receptaverunt, et de die in diem receptant, in maximum damnum et præjudicium dictorum domini nostri Regis, rei publicæ et subditorum suorum, ut prædictum est ; et magis fieret, nisi in prœdictis provideretur

(1) Nous croyons devoir proposer entre [ ] quelques corrections à la copie de la collection Doat, qui, de même que presque toutes les autres copies provenant de la même source, est loin d'être bonne. Le manuscrit de Doat porte ici, et un peu plus bas encore : *promiserunt* au lieu de *permiserunt*.

de celeri et opportuno remedio, sicut decet. Quo circa vobis, et vestrum cuilibet, præcepimus et mandamus, committendo si sit opus, quathenus præfatis comiti et comitissæ adhuc ex superabundanti casu, quo ad causam poteritis tute accedere in personis, sin autem voce tubæ, per loca proximiora et in figura inhibeatis et deffendatis, ex parte regia atque nostra, sub omni ea pena quam possent incurrere erga dictum dominum nostrum Regem, et specialiter, sub pœna mille marcarum auri fisco apponenda, quathenus a dicta guerra desistere omnino habeant, et gentes armorum propter hoc congregatas, ab ejus locis et terris, in patriam domini nostri Regis, recedere et abire faciant, maxime illos qui non sunt de dicta patria, et alios ad eorum domos et terras, sine guerra facienda, sed alias honeste et bono modo monendo, ut boni et fideles vassalli et subditi faciunt, facere debent et facere consueverunt, nec ipsos a modo prædictas guerram, rapinas, aprisionationes receptent nec receptari p[er]mittant in dictis eorum fortaliciis, nec alia meleficia fieri faciant nec permittant. Si vero a prædictis desistere non velint, ipsos capiatis, et captos nobis seu curiæ nostræ Tholosæ remittatis, pro debita justicia de ipsis ministranda; nec non loca, terras et juridictiones, et alia quæcumque bona prædictorum, realiter et de facto, si apprehendi possint, sin autem verbo, ad manum regiam atque nostram ponatis, et tamdiu sub eadem manu detineatis, donec alius a domino nostro Rege seu no[bi]s habueritis in mandatis; nec non et bona omnia quæcumque alia, tam nobilium quam innobilium, quos contra dictas ordinationes et prohibitiones, per legitimas informationes aut alias, debite inveneritis aliquid fecisse, simili modo sub dicta manu capiatis et detineatis; et insuper ipsos comitissam et alios adjornatis, comparit[uros] (1), personaliter, die octova post præsentium litterarum executionem, coram nobis seu locum tenente nostro, in aula nova regis Tholosæ, respons[uros] (2) super predictis contemptu et inobedientia et aliis commissis procurator[i] regio, et alias process[uros] (3) in eadem causa, ut erit rationis, cum inti-

(1) La copie de Doat porte *comparito.*

(2) La copie de Doat porte *responso*, et à la ligne suivante, *procuratore.*

(3) La copie de Doat porte *processo*, et à la ligne suivante, *et finem.*

matione quod, nisi comparuerint, contra ipsos et eorum bona [in]finem banni, confiscationisque bonorum declaratorum et alias procedetur, ut erit juris et rationis. Mandantes subditis Regis et nostris alios non subditos in juris subsidium requirere, ut vobis et vestrum cujuslibet in præmissis pareant et intendant, et præstent consilium, opem, favorem et juvamen, si opus fuerit et fueritis requisiti, et de his quæ in præmissis feceritis, una cum informationibus super eisdem factis et faciendis, quas nobis et curiæ nostræ mittatis, etiam, et de nominibus et cognominibus prænominatorum, et alias debite, curiam nostram ad plenum certificetis.

Datum Tolosæ, die vicesima januarii, anno Domini millesimo quadringentesimo.

Datum per copia, per consilium.

(*Signé*) P. de Poncio.

XII.

Paris, 19 mars 1401 (n. s.).

LETTRES DU ROI CHARLES VI

PERMETTANT AU COMTE D'ARMAGNAC DE SE DÉFENDRE, LES ARMES A LA MAIN, CONTRE LE COMTE DE PARDIAC.

(Biblioth. nation., collect. Doat, vol. 208, f° 279. — Copie du XVIIe siècle.)

Charles, par la grace de Dieu Roy de France, aux seneschaux de Tholouse, de Rouergue, de Beaucaire et de Carcassonne, et a tous nos autres justiciers ou a leurs lieutenans, salut. Nous avons oui la supplication de nostre tres cher et feal cousin le comte d'Armagnac, contenant que nagaires, pour ce que le comte de Pardiac a meu et faisoit guerre contre la comtesse de Comenge parente dudit suppliant, icellui suppliant a donné et fait donner par ses gens, subjects, alliés et bienvueillans, secours et aide a la dite comtesse a soi deffendre contre le dit comte de Pardiac; et depuis le dit comte de Pardiac, en hayne de ce ou autrement, de sa volenté desraisonnable, a commencée guerre a l'encontre du dit suppliant, pris et apprisonné son chancellier et pleusieurs autres de ses gens et familliers, couru, pillé et gasté sa terre, hommes et subjects, et fait encores de jour en jour, et s'est aidé, et aide des Anglois et d'autres gens estrangers ennemis de nostre royaume ; par quoi a convenu que le dit suppliant se soit mis et mette a deffence, et pour ce faire ait mandé ses vassaux, subjects, alliés et bienvueillans, dont les aucuns sont venus a son mandement, et aucuns autres non, pour doubte de certaines deffences faites de par nous ou dit pays, par lesquelles a esté deffendu a tous nos subjects que ils ne procedassent aucunement l'un contre l'autre par voie de fait; par quoi notre dit cousin par deffaut de aide pourroit estre tres grandement grevé, et sa terre et subjects gastés et destruis, et aussi ceux qui, comme dit est, se sont armés, et ont esté tant en la compagnie de la dite comtesse de Comenge que du dit suppliant et fait guerre et resistance a l'encontre du dit comte de Pardiac, pourroient estre grandement travaillés et domagiés, se sur ces choses ne leur estoit impetré nostre grace et pourveu de remede convenable, si comme icellui suppliant dit, requerant humblement icellui. Pour ce est-il que nous, ce que dit est consideré, et que nous sommes bien acertenés que le dit comte de Pardiac a esté et est cause et occasion des dites invasions, guerres et debats, et que de raison il loist a un chascun soi deffendre, nous au dit suppliant nostre cousin avons donné et octroié, donnons et octroions de grace speciale, par ces presentes, congié et license de deffendre soi, sa terre et subjects, et de resister a la male volenté et entreprinse du dit comte de Pardiac et de ses alliés, et de sur ce prandre et avoir l'aide et secours de tous ses alliés et bienvueillans tels qu'il pourra avoir a son aide; et ne voulons que pour le dit secours donné a la dite comtesse, et pour les armées et guerres dessus dites, le dit suppliant, ne ceux qui a sa requeste s'en sont entremis soient aucunement travailliés ne molestés en corps, ne en biens. Si vous mandons et estroitement enjoignons et a chascun de vous si comme a lui apartiendra, en comettant se mestier est, que le dit suppliant et autres dessus dits vous faites, souffriés et laissiés jouir et user plainement et paisiblement de nostre presente grace, octroi, congié et licence sans les molester, travaillier ou empecher aucunement au contraire : car ainsi le voulons et nous plaist estre fait, nonobstant les choses dessus dites et quelconques lettres subreptices empettrées ou a impetrer au contraire.

Donné a Paris, le dix et neufieme jour de mars l'an de grace mille quatre cent, et de nostre regne le vingt et unieme.

Par le Roy, en son conseil, le Roy de Secille, Monseigneur le duc de Berri et autres presens. — BARRAU.

XIII.

[1401.]

FACTUM DU COMTE D'ARMAGNAC

ÉNUMÉRANT TOUS SES GRIEFS CONTRE LE COMTE DE PARDIAC.

(Bibl. nation., collect. Doat, vol. 193, f° 95. — Copie du XVIIe siècle.)

Ce factum paraît avoir été rédigé immédiatement après la victoire de Bernard VII sur le comte de Pardiac, victoire qui était définitive avant le 27 mai 1401 (1). Peut-être fut-il composé en vue du procès que le comte d'Armagnac intenta, sans tarder, à Géraud de Pardiac

(1) Dès le 27 mai 1401, Bernard VII prenait les titres de comte de Pardiac et de vicomte de Fezensaguet et de Brulhois, en confirmant les privilèges et en recevant l'hommage des vassaux du Brulhois et de La Plume.

Le préambule de cet acte du 27 mai est conçu dans les termes suivants :

« Post triumphum victorie per egregium et magnifficum principem, dominum « Bernardum, Dei gracia comitem Armaniaci, Fesensiaci, Ruthene et *Pardiaci*, « viccecomitemque Leomannie, Altivillaris, *Fesensaguelli* et *Bruilhesii*, ac domi- « num terrarum Ripperie, Aure et montanorum Ruthenensium, divino munimine « obtentum contra et adversus dominum Geraldum de Armaniaco, dudum comi- « tem Pardiaci, et ejus liberos, et gentes qui contra prefatum dominum comitem « Armaniaci indebite et injuste guerram fecerant et patriam suam dampnifica- « verant, ipsis que domino Geraldo et ejus filius ac terris per dictum dominum « comitem Armaniaci et ejus valituros subjunctis, etc... ».

(Arch. de Tarn-et-Garonne, série C, fonds d'Armagnac, registre portant le numéro provisoire 706, f° XXVI.)

Le 1er août de la même année, le fils cadet de Géraud de Pardiac, Arnaud Guillem, fait prisonnier par le comte d'Armagnac, était détenu au château de Benaven en Rouergue, Aveyron, arrondissement d'Espalion, commune de Sainte-Geneviève (Arch. de Tarn-et-Garonne, Inventaire de Montauban, f° 316).

C'est donc à tort que les historiens ont reporté à 1403 (MONLEZUN, *Hist. de Gascogne*, IV, pag. 113) ou à 1404 (de GAUJAL, *Études historiques sur le*

et à ses deux fils (1). Peut-être aussi était-il destiné à être répandu dans le public pour expliquer la conduite du comte d'Armagnac. La copie de Doat, d'après laquelle nous reproduisons ce texte, est malheureusement fort mauvaise.

Guiraud d'Armagnac, a labets comte de Pardiac et vescomte de Fesensaguel, de contenent que ac saubuda la mort de monsenhor lo comte d'Armagnac et de Comenge, que Dieu pardon, conceup en son couradge que occupes per via endirecte lo comtat d'Armagnac et autras terras et dignitats d'aquel hostal, prenden color que feses, cum que fos, que las filhas de mondit senhor en demoresso donas et herittieras de lordit paire, et non pas mossen Bernad d'Armagnac, que es a present comte, jassia que loudit Guiraud sabia ben que mondit senhor lo Comte deuia succesir el dit comtat per ordonansa testamentaria de sos auiol et paire, que Dieu pardon (2) ; mas fasia compte loudit Guiraud que, si el pogues far que las filhas demoresso herittieras, que las donas a sos filhs en maridatge, et per aissi vengra a son optat.

Et per venir a mielhs far so dessus, tantost attirec a si touts lous gentils hommes que poc attirar de la terra de mondit senhor lo Comte, lousquoals eran et son homes d'omage et de segrament de l'ostal d'Armagnac, et am paraulas fenchas et fraudulosas, mostran semblan de amar l'[hon]our et de vouler la conservation

Rouergue, II, pag. 260) la défaite et l'emprisonnement de Géraud de Pardiac et de ses deux fils.

(1) L'inventaire d'Alençon, conservé à la Bibliothèque nationale (Ms. français, 18958, f° 328 v°), signale : « plusieurs informations avec le procès « fait a Jehan d'Armagnac, fils de Gerault d'Armagnac, conte de Perdiac, « touchant la guerre a eulx commancée au conte d'Armagnac ».

On trouve une mention analogue, avec la date du 1er août 1401, relative à Arnaud Guillem, le second fils de Géraud, dans l'inventaire de Montauban qui fait partie des archives de Tarn-et-Garonne (f° 316).

(2) Les testaments des comtes Jean I et Jean II donnaient à Bernard VII des droits formels au cas où son frère mourrait sans héritier *mâle*.

Le testament de Jean I est du 5 avril 1373 (Arch. nation., J. 861, n° 3. — Bibl. nation., Ms. français, 2883). Celui de Jean II, du 4 janvier 1382 (n. s.) (Arch. nation., P. 1363², cote 1252. — Bibl. nation., coll. Doat, vol. 201, f°s 117 et 242).

de l'ostal d'Armagnac, lous animet et lous fe far promessas que, cum que fos, non hobesissan pouch a mondit senhor lo Comte ne nol' receubossan pouch per senhor, mas sas [ne]bodas, car aquelas deuian esser comtessas et non pas el. Et non tant solament ensegui lous gentils homes d'aquesta materia, abans o fes belar de las grossas vilas, et auia gens que de iours et de nuegs ensseguian aquest fag per tota la terra que mondit senhor lo Comte a outre la Garona; et fec fa et ordonar lettras cominatoris et de gran menassas, lasquoals trametec madona d'Armagnac, que labets era, als cossolats, que lous demandabe que no recebossen per senhor loudit mossen lo Comte et que no fessan pas com lous faux, vilas traydos de Laytora (1) auiam feyt (de lasquoaus lettres se troberan las copias); per tal partit que ab gran difficultat mondit senhor lo Comte ac la pocessio de sa dita terra, et lous homeages de sous gentils homes (2).

Après aisso loudit Guiraud, per esser plus fort a venir a son maluat prepaus, fe aliansa ab lo comte de Foix qui adonc era et lo promes que madona de Comenge issament se aliera ab el, afin que touts tres donesso pro fasendas a mondit senhor que, cum que fos, no demores senhor de l'ostal d'Armagnac, et per lu decassar de tout en tout, et destruire, et deshonorar per tous temps; et fora anada auant la dit aliansa, mas, quar madona de Comenge non y volc consentir, et, vesen que, loudit comte de Foix o laisset estar, mas non estec per loudit Guiraud que no se fases.

Pueys apres, loudit Guiraud, plen de gran furor, vesen que no podia venir a son optat, quar mondit Senhor comensaua a

(1) Dès le 6 janvier 1392, les vassaux de Lomagne, réunis à Lectoure, avaient reconnu Bernard VII comme comte d'Armagnac (Monlezun, *Hist. de Gascogne*, tom. VI, pag. 23).

(2) Le comte Bernard VII eut, en effet, beaucoup de peine à faire admettre par tous ses vassaux ses droits légitimes à la succession de son frère. Ses vassaux d'Armagnac ne lui prêtèrent hommage, le 7 octobre 1391, qu'en formulant les réserves les plus explicites au sujet des droits que pouvaient avoir les filles de Jean III (Archives de Tarn-et-Garonne, série C, fonds d'Armagnac, numéro provisoire 862, f° 57). Il en fut de même des vassaux de Lomagne, le 8 janvier 1392. Ce fut seulement au mois de décembre 1393, plus de deux ans après son avènement, que Bernard VII triompha définitivement de toutes les résistances (Archives de Tarn-et-Garonne, série C, fonds d'Armagnac, numéro prov. 704, f°s 87 et 101).

penre la pocession de sas terras et lou segrament de sas gens, comensec de anar et tornar entorn mondit Senhor, dissimulan et celan son mal couradge, et prepaus, et volontat maluada et no causada que li portaua, manian et beuen als despens de mondit Senhor. Et dins son loc de Lauardenx, on demouraua adoncs madita dona de Comenge, tractet ab ela secrettament que fous molher de son filh, ses sabensa de mondit Senhor ne d'ome dels seus, afin que, pueysque non podia venir a son optat del principal, l'agues de l'accessori, fasen compte que, quand son filh fore senhor de Comenge, a tant fora el plus fort a dampnatgar mondit Senhor, et la poissance de Monsenhor en fora mendre. Et, fag loudit tractat, animet ladita madona la Comtessa de tal maneira, fasen li tout jour entender que Mossenhor li deshereria sas filhas, que elle s'en anet sopdamen en son pays de Comenge, mostran semblan que elle no se tenia per paguada de mondit Senhor ne per honrada que demores en re del seu.

Et en outra, jasia que lo comte de Pardiac sia home del comte d'Armagnac et li sia tengut de far homeage et segrament de fisaltat, per raison de las baronias d'Ordan et de Viran (1), et lous comtes de Pardiac, qui passats son, aian fag sus aisso lour degut an aquels d'Armagnac, et darrierement la comtesse de Pardiac, molher que era deudit Guiraud, aia fag homeatge et segrament de fisaltat a monsenhor d'Armagnac et de Comenge darrer trespassat, saben et voulen loudit Guiraud : empero el, continuan en sa malicia et mostran la mal volontat que auia vers mondit Senhor, ses deguna justa et rasonabla causa, no volc permettre que sa dita molher feses loudit homatge et segrament a mondit Senhor ; ne apres la mort d'ela, el, que es demorat senhor et usufructuari deldit comtat et de las ditas baronias, aytant pauc no l'a volgut far, ne a volgut cossentir ne souffrir que sous filhs, qui en degran esser estats senhors apres sa mort, l'on aian fag. Ne, que es plus fort, no cossentira que lous officiers de Monsenhor fosso hobesits en re en las ditas baronias, aixi com de daban era

(1) Les baronnies d'Ordan et de Biran (Gers, arrondissement d'Auch, canton de Jegun), avaient été apportées à Géraud en même temps que le Pardiac par sa femme Anne de Monlezun.

acoustumat, que no esta de memoria encontre, car las ditas baronias son au comtat de Fesensac; ans per expres o a debedat et deffendut. Et quan home dels seus s'apelaua als officiers de Monsenhor, aixi quant degut et acoustumat es d'antiquitat, lous fasia mettre en ferma preso, tro avia renunciat a la apellatio. So si se appelaban da re que hom lous fe, les fasia appela au senescaut d'Agenes, laissan lo judge d'apels d'Aux, et a son judge de Pardiac fasia fa las appellatios, volen privar Monsenhor de las prumeras appellatios, aixi com apar, en la cour d'Agen.

Outre tout so dessus, loudit Guiraud, immaginan toutjour a la deshonor et final destruction de mondit senhor lo Comte, a sercadas, et apres fag son poder de venir a fag, diuersas vias et manieras per lasquals pogues far morir de mort horribla et deshonesta et enhumana et sobda mondit senhor lo Comte, o de lo far tombar en tal malancia que valgues mort (1), afin que apres pogues per sa poyssance occupar son heretatge ou autrement esser venges de lu; jasia que mondit Senhor no li aia degun temps de sa vida fag ni dig re per que aisso ne re de tot aisso li degues far, abans l'a toutjour amat et onrat com aquel que era de son sang, et li auia donat et argent et terre, ses que non era tengut si se volgues, mas pensaua que li fos bon paren et amic coma esser degra. Et subre aisso li trametoc son cancelle et d'autras, lu cobida[n] a pats et bona amistance.

Et, car Monsenhor se fisabe en lu cum far deuia si het li fes lo que esse deuia, Mossenhor le laissabe a Lauardenx, et lo fisaba tout so que auia, et mandec a mossen Dorde, louqual garda lo castet de Lauardenx, que le obesis et lo balhes las claus de tot, et loudit Guiraud se fec bailla las claus de la thesaureria et de la artilheria hon estan lous encartamens, et ne prenguoc, et ne portec lous que l'agraderon, contre lou voule et la volontat de Monsenhor, furt cometen.

Et com agous debat entre lous cossols de Barran et de Monvert (2), car lous cossols de Barran lous auian feyt penhora per talhas, loudit Guiraud fec fa la appellation a son judge a Mon-

(1) Par l'opération magique dite de l'*envoutement*. Voyez la pièce suivante.
(2) Monbert, Gers, canton d'Auch.

lesun en sa presencia, et en la appellatio no fec punt de mention deu judge d'apels d'Aux, volen tole et estrema a Monsenhor sas appellations et sa iurisdiction; ans trametec be loudit son judge [a] Agen. Et per lou entericement de Mossen, lo judge de Lomanhe hi anec et demandec remettre la causa, coma procurayre de Monsenhor, a son judge d'apels. Et loudit judge deudit Guiraud y contrastec en disen que Mossen non auia son judge d'apels, et requeric lo procuraire deu Roy que fes partida contra Monsenhor, et dissoc en la cour que encara nos disia de mages causas. Et subre asso, foc gran repleydeiat, en tant que lo judge de Lomanhe agoc ordenansa per si que lous articles sous foron perme admes, et lous deudit Guiraud rejcits.

Item un homme de Caudacosta (1) auia panat a Peyracava la custodia et bestimens, et foc pres per lo senhe de Rolhac (2), auqual lo comte de Comenge preguec que per amor de lu lo relaxes. Et per so, car lo senhe de Rolhac no l'on volguoc elaisa, feron appella loudit home [a] Agen, et non pas au judge de Lomanhe, hon perme se deuia appella, et feron requerir lo procurayre deu Rey que fes partida contre Monsenhor; et tout asso fasian per deshonor et dampnadge de Monsenhor, et per auer occasion et coulou de desacord, et auer dessencion am Monsenhor, jasia que lous officiers de Monsenhor lo presentessan que se vis cuter lo amiablement, com fa se deia entre gen de linage.

Fec veni sous filhs enta monsenhor lo Comte fraudulousement et fintamen, en disen que no eran sous filhs, et fasia aparuei que lous volia mau, et que se eren pelherat, et que no lous volia vese ni ausi, et que a [los] sabia mau car eran venguts enta Monsenhor. Et si ey mei lous hi auia trames, affin que per tractat, ou per guerra, per la man de Monsenhor hintrassen en Comenge et l'agossan. Et quand vic que en aisso no podia excase ni venir a son obtat, lous dits filhs no tourneron plus a Monsenhor, ans se jactaban et se vantaban lo comte de Comenge, prumer no comensassan guerra en Comenge, que Monsenhor no lous tenia

(1) Caudecoste, Lot-et-Garonne, arrondissement d'Agen, canton d'Astaffort.

(2) Bertrand de Goth, seigneur de Rouillac et de Peyrecave (Voir Courcelles, *Hist. généalogique des Pairs de France*, tome VI : *Généalogie de Goth*, pag. 35).

lous convens que lous auia, et que enquara fora het en loc que lac demandera deuant Sobiran, et que tout lou mau que pogoure far a Monsenhor lo fera, et gran re de malos paraulas ; de que esta ferm per testimonis dignes de fe.

En apres le comte de Comenge fec prene Jean de Trax d'Aux per merqua et si et son rosin, et no lou voulgoc relaxa per pregarias ni requestas que lo fessan lous officiers de Monsenhor, ni per mandement que venguos deu senescaut de Tholouse ; ans loudit comte de Comenge ne menassec lou judge d'Armagnac aixi com apar en sa lettra et, jasia que loudit comte de Comenge serques occasion can pogous aue debat am Monsenhor, lous officiers de Monsenhor, a fugi lo mau que puesc s'en es enseguit, lo feron bailha so que demandaba.

Enquara may, vesen loudit Guiraud que per las vias que el pensaua non podia venir a acomplir son malvat talent, a sercada autra via, so es assaber que se sages per grat ou per force auer lo comtat de Comenge ; et sobre aisso a comensade guerra a madite dona la Comtessa, ses mostrar en son comensament que en re volgues far guerra a mondit Senhor, pensan, com era vertat, que sots ombre de vouler far guerra a ladita Dona, trobera pro gens de sa part et a sa aiuda mielhs que non fara si disses que a mondit Senhor la volia far ; mas apres, quan se fora be garnit de gens d'armes, que Monsenhor se fos avisat ne fait son amas de gens, mostrera lou vouler que davant no ausaua mostrar, sinon aus Bernes (1) et aux ennemix de Monsenhor am lousquoaus se liec, et lous prometoc que pogoron ve en la terre de Monsenhor.

Et per far aisso, aliet gran cop dels ennemix que lou Rey nostre senhor a en Guiene, et gran cop de Bearnes et d'autras gens que pensaua que no amesso o no degosse amar Monsenhor ne son hostal ; et se saget d'aliar am si lo capitani de Lorda (2), fengen que toute sa guerra volgues far en Comenge. Et quand se fo be saysit de gens, el comensa ladita guerra en Comenge, o la fe comensar a son filh. Et vesen aisso, madona de Comenge trames per devers mondit Senhor, requeren per vertut de l'aliansa que es enter lous

(1) Les Béarnais.
(2) Lourdes, dans les Hautes-Pyrénées.

hostals d'Armagnac et de Comenge et per l'affinitat que es entre lour, que li voulgues soccorre et aiudar que no fos desheretada, quar be podia mondit Senhor pensar que, si ela perdia sa terra, sas filhas que ero[n] sas [ne]bodas non y aurian pouch de profieg (1).

Facha ladita requesta, quar mondit Senhor s'en deuia anar vers monsenhor de Berri en Peytou (2), mandec a sous officiers de Gascoigna et per special a son seneschal d'Armagnac que requerissen loudit Guiraud, ou aquels que fasian ladita guerra, que s'en volosson cessar; si far no volio que lolh o fesesso assaber. Ladita requesta fo facha aldit Guiraud et a sous filhs, et non volguo far deguna resposte. Et notifficat aisso a Monsenhor, el mandet a aquels que li semblet que ero plus prest que, attenduda ladita aliansa de son hostal et d'aquel de Comenge et la requesta que li era estada facha, els anesso aiudar a ladita comtessa a se et sa terre gardar et deffendre, et aissi fo fag.

Apres aisso, Monsenhor fec son viadge; et, estan en aquel, loudit Guiraud no poden plus endurar que no mostres son orguelh et son mal vouler que auia vers Monsenhor, et saben lu esser fora pays, et sa terra ses degunas gens d'armes, com aquels que no pensauan a la mal torn deldit Guiraud, el senten se fort de gens darmes et da pe, pensan que aras era hora o no nul temps, ses desafisar Monsenhor, ne far saber a officiers ne homme dels seus, fe cavalgar la terre, de Monlesun en fora hon loudit Guiraud era, que mondit Senhor a en Gasconha en bela re de parts et gran re de vets, de Ordan et de Biran et dels autres locs d'aquelas baronias en fora, et de trops d'autres sous locs. Et fes penre son canceller et toute sa companhia et gran re de gens far finar, aussire, mettre

(1) Cette conduite de Marguerite était des plus habiles. Bernard VII, en effet, avait une grande affection pour ses nièces, filles du comte Jean III et de Marguerite de Comminges. Il les faisait élever auprès de lui, en Rouergue (Archives de l'Aveyron, C. 1343, f°s 43 et 84; C. 1346, f° 32 v°; etc.), et avait confié le soin de leur éducation à une ancienne gouvernante de leur mère, Delphine de Tinières, que secondait sa fille Mathone, femme de Manaud de Lasseran, seigneur de Massencome (Acte confirmatif de donation à Delphine et à Mathone de Tinières, octroyé le 1er juillet 1393 par le comte d'Armagnac. Cet acte est conservé en original dans les archives du séminaire d'Auch).

(2) Nous avons indiqué plus haut (pag. 44, note 1) la date approximative de ce voyage en Poitou qui se place vers la fin de 1400.

fox, et touts autras dampnadges que pot, ab intentio de mettre a bas mondit Senhor. Et donnaba et autreiaba saub-condut aux personnes que eran de la terra de Monsenhor. Et fasia estranguitia lo loc de Lauardenx a un baylet que hi hintraba am un feys de fey sus lo cot; et deffendia a sas gens que non fessan mau a Lauardenx, car aquet loc volia het per estagia et garda de sa persona. He dissiu gran re de vilanias a Monsenhor, lu appellan *lo capellan de Gaya, Bernard d'Armagnac comte de Laycoa* (1), et que *abans que venguos saint Johan het lo fera cacha lo bast.* Mas Nostre Senhor per sa grace y prouesit et am sa bona aiuda mondit Senhor y mes lo plus tost que post lo remedi que cascun sap. Mas per avant que se pogues esser grant de gens, sa terra soffric mot grandement, attendut que cum dit es, el era fora pays, et sa terra desprovesida, et son adversari garnit de gens et auia pensat a aisso far mot long temps.

XIV.

9 AOUT 1401.

DÉPOSITION DE GUILLAUME DE CELLIER

RELATIVE AUX OPÉRATIONS MAGIQUES QUE PROJETAIT LE COMTE DE PARDIAC.

(Bibl. nat., collect. Doat, vol. 210, f° 18. — Copie du XVIIe siècle (2).)

Anno Domini millesimo quatercentesimo primo, domino Karolo rege Francorum regnante, et die nona augusti.

Super impositis contra comitem Pardiaci et suos, et per ipsum

(1) Le château de Gages, en Rouergue, était la résidence habituelle de Bernard VII. Le mot *capellan* fait évidemment allusion à la piété du comte d'Armagnac. Quant au terme de *comte de Laycoa*, nous croyons qu'il y a, dans la copie de Doat, une faute de lecture et que l'original portait *comte de Laytora*, comte de Lectoure (Voir au commencement de la pièce, pag. 53, le passage relatif à Lectoure).

(2) La copie de Doat, d'après laquelle nous publions ce document, d'ailleurs assez incorrect lui-même au point de vue du style, est fort mauvaise. Nous

perpetratis, factis et illatis in et contra personam domini comitis Armanhiaci et suos.

Guillermus Cellarerii, Ruthenensis diocesis, et jurisdictionis Villafranchæ Ruthenæ (1), testis juratus, ad Sancta quatuor Dei Evangelia per ipsum manu sua dextra et exponte tacta, dicere et deponere veritatem super contentis in præcedenti rubrica. Qui dictus testis loquens dixit et deposuit verum esse quod : cum anno proximo lapso, quo computabatur millesimo quatercentesimo, et, videre suo, in mense madii, venit in loco de Rabasteux (2) et in hospitio domini Guillermi de Carlato, licentiati in legibus, hora serotina, quidam scutifer qui vocari se faciebat Arnauto. Qui eidem domino Guillermo de Carlato — cum quo dictus testis loquens moram faciebat pro mancipio, prout dixit — qui dictus Arnauto præsentavit et tradidit eidem domino Guillermo, magistro suo, quandam literam clausam, videre suo, et sigillatam ex parte, ut dixit, domini comitis Pardiaci, prout dictus Arnauto ore suo dixit.

Et dictam literam dictus dominus Guillermus legit ; et statim dictus dominus Guillermus come[dit] (3) ; et macellarius de quo accipiebat carnes misit quæsitum per ipsum loquentem ; nam, ut dixit, ex eo quod dictus dominus Guillermus, magister ipsius loquentis, supremo moneret recessurus cum quodam magno Domino, vocato : comes Pardiaci, et ire in aliquibus partibus.

Et hoc facto, dictus testis loquens ab inde recessit ; cum dixit quod ipse testis loquens dimisit dictum dominum Guillermum magistrum suum cum illo scutifero, [qui] (4), ut dixit, non habebat nisi unum oculum.

Deindeque, ut dixit dictus testis loquens, per spacium semis horæ dictus dominus Guillermus, una cum dicto scutifero, ambo

proposons un certain nombre de corrections dans le but de restituer, autant que possible, la bonne leçon des passages mal lus par le copiste de Doat.

(1) Villefranche-de-Rouergue (Aveyron).

(2) Rabastens-sur-Tarn, département du Tarn, arrondissement de Gaillac.

(3) La copie de Doat porte *comes*, ce qui ne donne aucun sens. Nous croyons que le reste de la phrase nous autorise à restituer *comedit*, qui devait être la véritable lecture.

(4) La copie de Doat porte *quem ;* ce qui est une mauvaise lecture évidente.

recesserunt, et dictus testis loquens cum eis, hora inter crepusculum. Et iverunt ad Fratres Minores illius loci de Rabastenx. Illuc reperierunt unum magnum Dominum, totum ex integro vestitum, loquentem, prout dixit, cum quodam fratre vocato : fraire Ramon Teysseyre. Et vocabatur, prout inter se dicebant, dictus comes : Pardiaci; secum associatis dicto Arnauto, latori dictarum literarum, Astorgio et Razolseto, scutiferiis ipsius domini comitis Pardiaci.

Et vidit dictus testis loquens quod dictus comes Pardiaci, una cum dicto domino Guillermo, inter se per magnam pausam temporis extiterunt et magna verba inter se habuerunt; tamen ignorat qualia verba diceba[n]t.

Et ex post, per spacium quasi semis horæ, ab inde et ex dicto monasterio exierunt, absque nulla luminaria. Et interim cœna fuit preparata. Et ivit cœnatum dictus dominus comes Pardiaci ad hospicium dicti domini Guillermi; et similiter omnes qui cum eo erant cœnaverunt bullito et asso. Tamen dictus dominus Guillermus de Carlato semper cœnabat pedes et absque caputio dictum comitem Pardiaci (1). Et facta cœna, dictus comes una cum dicto domino Guillermo tenuerunt magnum consilium; tamen ignorat quod consilium; sed tamen dictus dominus Guillermus dixit eidem loquenti : quod videret si roncini erant bene ferrati, et ex causa, nam supremo mane erat recessurus cum illo magno Domino, et quod nullus de mundo sciret.

Et hoc facto, dictus dominus Comes, una cum dicto domino Guillermo de Carlato, et aliis secum cum dicto comite Pardiaci secum associatis, iverunt cubitum ad quoddam hospitium dominæ Marguaritæ, matris Albriæ uxoris Johannis de Agassaco et socii domini Guillermi de Carlato. Et ibi cubuerunt.

Et summo mane omnes surrexerunt, et dictus testis cum eis. Et dictus comes Pardiaci, una cum dicto domino Guillermo de Carlato et scutiffero dicti domini comitis Pardiaci et ipso teste loquente, a dicto loco de Rabastenx supremo mane se absentarunt,

(1) Ce passage doit avoir été mal lu par le copiste de Doat. Peut-être a-t-il oublié le mot *coram* devant *dictum comitem Pardiaci;* peut-être aussi faut-il lire *servabat* au lieu de *cœnabat.* Dans le doute, nous n'osons pas proposer de correction.

et iverunt omnes transire flumen Tarni ad quoddam nautavatgium vocatum de Coffolens (1). Et deinde, ut dixit, iverunt pransum ad quendam locum juxta seu prope Tholosam (2), [qui] (3) erat cujusdam militis Tholosæ, de nomine cujus ignoret, prout dixit de præsenti.

Et sumpto prandio, dictus comes Pardiaci, una cum dicto domino Guillermo de Carlato, et aliis cum dicto domino comite secum associatis supranominatis, et ipso loquente, iverunt ad quendam locum juxta seu prope locum de Pluma (4) semis videre suo... Et ibi elegerunt omnes et alii per totam diem exteterunt.

Et quasi hora vesperorum, dictus dominus comes Pardiaci jussit claudere portas taliter quod nullus intraret nec exiret, absque illius domini Pardiaci obtineret licentiam ; et ex causa, nam nullus, ut dixit, sciebat quod ipse esset in illis partibus nec volebat quod sciret. Deinque dictus dominus comes Pardiaci, cum dictis suis scutifferis et dicto domino Guillermo, per magnum tempus magnum consilium inter se habuerunt ; et ibi per totam diem, videre suo, exteterunt ; et expost cœnaverunt. Et sumpta cœna, magnum consilium tenuerunt. Et, videre suo, expost omnes et ipse loquens iverunt cubitum, ex eo quod per totum diem laboraverant, equitaverant.

Deindeque die in crastinum (videre suo quia perfecte non recordatur si erat in die, in qua in dicto loco venerant, aut in crastinum) quasi hora nona, dictus dominus Comes coram se, per dictos suos scutifferos, omnibus prœsentibus et ipso loquente, unam caxam fusti, involutam panni virido, clausa[m] cum clavis ferri, magnam [asportare fecit] (5). Et fecit dictus Comes aperire cum turquesiis; et, ipsa aperta, de dicta caxa fecit foris ejicere tres imagines cereas trium colorum, et unas longas et alias breves, involutas omnes tres de tela canabacii. Et ipsis disvolutis de

(1) Coufouleux, département du Tarn, arrondissement de Gaillac, canton de Rabastens.

(2) Ceci doit être une erreur du témoin. Il est évident que pour aller de Rabastens à La Plume il ne faut pas se rapprocher de Toulouse.

(3) La copie de Doat porte *quem*.

(4) La Plume, département du Lot-et-Garonne, arrondissement d'Agen.

(5) Nous croyons devoir ajouter ces deux mots à la copie de Doat, afin de rendre le texte plus clair.

pannis, in quibus erant quælibet, ad partem suam posuerunt tota[s] discoperta[s] (1).

Et tunc dictus comes Pardiaci fecit asportare coram se unum librum. Et dictus dominus Comes dictum librum, tenens in manibus suis, omnibus dictis suis associatis et ipso loquente presentibus, dixit dicto domino Guillermo de Carlato hæc verba, vel in ejus effectu similia, parlan en son gascon :

« *Mossen Guillem de Carlat, vos mi jurares assi sus aquest libre que vos mi dares cosselh e le m'faratz donar, qua[r] vos ho podes far, an aquel que vous dire, contre totas las personas que jeu vou nomare.* »

Et tunc dictus dominus Guillermus de Carlato dixit eidem domino comiti Pardiaci : quod ipse ibi venerat pro bono et amicitia, et quod libenter eidem daret et attribueret omne consilium quod posset; cum protestatione et reservatione quod non esset consilium contra ipsummet nec suorum de genere, nec ali[o]s (2); nec etiam esset contra personam, bona, nec suos, nec familia[m] domini comitis Armanhaci, nec dominæ Armaniaci, nec posteritatis suæ, nec aliorum de juramento, servitio... nec de ordine secretarii domini de Armanhaco, nec ejus hospitii; sed contra omnes alios libenter et bene et juste.

Et tunc dictus testis loquens dixit quod dictus dominus comes Pardiaci dixit, iroze et animo irato : quod ipse non volebat nec recipiebat illas exceptiones nec reservationes. Imo dixit : totaliter et omnino quod omnibus personis et contra omnes personas, cujuscumque gradus existerent, ipse daret consilium sibi et suis consortibus (prout dixit idem testis loquens).

Et tunc dictus dominus Guillermus eidem domino comiti Pardiaci respondit modis et formis quibus supra.

Et tunc dictus dominus comes Pardiaci acriter se irruit in personam ipsius domini Guillermi de Carlato, cum ejus ense evaginata; et alii qui cum dicto domino erant associati, cum daguis etiam evaginatis. Et dictus comes Pardiaci et alii supra nominati secum associati dixerunt eidem domino Guillermo de Carlato,

(1) La copie de Doat porte *totam discopertam*.
(2) La copie de Doat porte *alias*.

semper ipsum tenendo acabessonum (*sic*) cum illis ensi[bu]s et daguis, hæc verba, en lor gasco parlam totz ensemps en una semblan vos :

« *Mossen Guillem de Carlat, nos renegan Dieus et la Verges Maria, vos mores tantost ho vos dires d'oc a las causas desus dichas ni demandadas ; et cossenties et seres conpercerier en totas las causas que tantost vos seran dichas. E may vos digem que se vos ho fays, an devers vos* [*s*]*ara* (1) *per petit que vos seres mot grandament remunerat. Et no doptes en res, car de grands maistres am nos hi tenen la ma e he veyres.* »

Et tunc dictus dominus Guillermus de Carlato verbo consentiit in omnibus (2) per ipsum dominum comitem Pardiaci et suos qui ibidem erant omnes insimul, ut dixit, in effectu, in manibus dicti domini comitis Pardiaci :

« *Mossen de Pardiac, jeu vous juri per aqueses Sans* (tenendo librum in manu ipsius comitis) *que jeu faray e faray far,* [*s*]*i* (3) *far puesca, totas las causas que vos voles ni demandes contra totas las personas que son*; *et daray cosselh et fay donar; et totz temps may son am vos.* »

Et tunc dictus testis loquens dixit quod dictus comes Pardiaci, in præsentia omnium suorum consortium, dixit quasi ad aurem ipsius domini Guillermi de Carlato quod, hoc facto, ipse daret domino Guillermo realiter summam septem millium francorum auri, et unum castrum personaliter. Et prædictus dictus dominus Guillermus in manibus dicti domini Pardiaci juravit ; et interrogavit dictum dominum comitem Pardiaci super quibus erant ibi transportatæ. Et dictus Pardiaci dixit eidem domino Guillermo et aliis qui secum erant et dicto testi loquenti hæc verba, vel in effectu similia :

« *Mossen Guillem, de present vos es de mo segrament. Et sapias que a l'ome al cal* (en son gascon parlan) *al qual vuelh may sa mort es aquest que se fa comte d'Armanhac ; et jeu lo voli, com que sia, mort ; et volia aber tota sa terra et sa molher els enfans et sas nebo-*

(1) La copie de Doat porte *fara.*

(2) Il faut évidemment suppléer : *demandatis, impositis, dictis* ou quelque autre terme analogue.

(3) La copie de Doat porte *ni.*

das, et tot metre a dextruxio, a mon plazer. Et per so ay fag far aquestas tres images a Milas en Lombardia ad artistas. Las quas voli et te comandi, te pregui et te requeri que tu fassas tan am Mossen Johan d'Astarac que las consagre; car el ha lo libre consagrat, et soy sertas que non es causa el mon qu'el no la fassa. Et sobre totas as aquesta image bruna laqual ay facha, per expres, contra aquest Bernat d'Armanhac, et tant aquela sia consegrada; et am aquela jeu l'agu mort; pueys procesirem a las autras, aissi com nos sera abist. »

Et hoc dicto, dictus dominus Guillermus de Carlato juravit dicto domino Comiti quod ipse cum domino Johanne d'Astaraco taliter faceret quod dicta imago consecraretur contra dictum dominum Armanhaci et suos; et cœtera omnia et singula quæ pro ipso domino comito Pardiaci facere posset.

Et cum hoc omnes ab inde recesserunt; et post unam pausam iverunt ad mensam et comederunt, videre suo, pastissos et conils. Et sumpto prandio dominus comes Pardiaci, dicto test[e] loquent[e] (1) et aliis cum dicto comite associatis præsentibus, dixit hœc verba, vel similia in effectu :

« *Mossen Guillem, se voles causa que sie el mon, digas me* (en son gascon parlan). *Et anas bo[us]* (2) *tot dreg a mossen Johan d'Astarac; et recomandas me a luy; et digas ly on ly plasera miels de consagrar aquestas images; que, en autre part que vos o diga, totasbes en lo castel de Montlas[un]* (3) *pot atabe far com en loc que jeu aja. Et jeu faray mas provisios per amor de luy et tot nostre fag. Et com que sia, et sens deguna fauta, no sie, mossen Guillem, que dins doutze jours vos no siatz vengutz a mi per saber de mon fag et saber de sa resposta.* »

Et super hoc dictus testis dixit quod dominus Guillermus de Carlato ab eodem domino comite Pardiaci acceperunt (4) congedium; et similiter de omnibus aliis qui cum illis illo tunc erunt; et ab idem recesserunt.

(1) La copie de Doat porte *testi loquenti.*

(2) La copie de Doat porte *bon.*

(3) La copie de Doat porte *Montlasurce.*

(4) Ce verbe, au pluriel, s'applique à la fois à Guillaume de Carlat et au témoin.

Interrogatus dictus testis loquens in qua parte ivit dictus dominus Guillermus de Carlato, dixit quod ire... cum domino Johanne d'Astaraco.

Interrogatus dictus testis loquens in qua parte erat Johannes d'Astaraco, dixit quod in Montegiscardo (1).

Interrogatus quæ verba inter se locuti fuerint, [dixit] se nescire; sed tamen bene audivit quod ambo dicti dominus Johannes d'Astaraco et dominus Guillermus de Carlato minabant dictum comitem Pardiaci, prout illas malas tractationes, quas faciebat contra dominum Armanhaci et suos.

Interrogatus dictus testis loquens [si] dictus dominus Guillermus de Carlato rogabat dictum dominum Johannem d'Estariaco, dixit quod sic.

Interrogatus dictus testis loquens quid dicebat eidem domino Johanni, dixit quod dominus Guillermus de Carlato extabat genibus flexis coram dicto domino Johanne d'Estaraco, et manibus complosis rogando ipsum quatenus haberet dominum comitem Armanhiaci et suos et omnem familiam suam et ceteros de domo sua pro recommendato, et quod custodiret ipsum de illo inimico suo, quem interficere valebat (2).

Inter[rogatus] dictu[s] test[is] loquen[s] (3) si audivit quid dixit dictus dominus Johannes d'Astaraco eidem domino Guillermo de Carlato, dixit quod si, in hæc verba : « *Et jeu renegui Dieu et sanch Jordi, si jeu no fau metre destruch lo comte de Pardiac els sieus.* » Deindeque post magnum tempus dominus Guillermus a dicto domino Johanne cœpit congedium.

Interrogatus de præsentibus, dixit de dicto domino Guillermo, et pluribus de domo ipsius Johannis militibus, scutifferis, et pluribus de domo sua, et ipse testis loquens.

Interrogatus dictus testis loquens in qua parte iverunt, quando recederunt a dicto domino Johanne d'Estaraco, dixit quod ad

(1) Haute-Garonne, arrondissement de Villefranche-de-Lauragais.

(2) Il faut probablement lire *volebat* au lieu de *valebat* que porte la copie de Doat. Peut-être même l'erreur du copiste est-elle plus considérable, car nous serions assez disposé à croire qu'il y avait dans la pièce originale *qui eum interficere volebat.*

(3) La copie de Doat porte *Inter dictum testem loquentem.*

Ruppistangnum Albigesii (1). Et expost circa octo dies, dixit quod dictus dominus Guillermus, una cum dicto teste loquente, ivit Tholosæ, tam visitandi dominum Johannem d'Estaraco in hospit[io] (2) vocato de Terrona, quam (3) ibi ipsum reperiit; et ibi venerat causa curandi unam tibiam suam, de qua ibi curare volebat, qui alias erat vulneratus in tibia sua.

Plura dixit se nescire, sed premissa, quia de veritate sic se habet prout dixit.

Et prœmissa deposuit ut supra, testibus prœsentibus Johanne Salerii, Petro Astorgii, Agreche, magistro Johanne d'Espanhaco notario, Stephano Susticii de Mesna, et me Johanne Cambonis, publico Agathensis domini episcopi et authoritate regia publico notario, qui constat de prœmissis. Et in fidem prœmissorum, signum, quo utor in meis publicis instrumentis, apponendum [duxi] in fidem prœmissorum (4).

XV.

[1401.]

ATTESTATION DE JEAN D'ASTARAC,

RELATIVE AUX MÊMES FAITS QUE LA DÉPOSITION DE GUILLAUME DE CELLIER.

(Bibl. nat., coll. Doat, vol. 208, f° 221. — Copie du XVIIe siècle.)

Atestamur, et in facto et causa veritatis testimonio gratis confitemur : est verum quod anno Domini millesimo quatercentesimo et in mense maii, quasi in fine illius mensis, in loco de Lesin-

(1) Rabastens-sur-Tarn.

(2) La copie de Doat porte *hospite.*

(3) La phrase est assurément mal construite ; le mot *quam* devrait être rejeté un peu plus bas à la place des mots *et ibi venerat*, qui sont inutiles. Mais cette erreur de construction nous paraît devoir être imputée au rédacteur même de la pièce, et non pas au copiste de Doat.

(4) Suit, dans la copie de Doat, une reproduction grossière du *signe* habituel de Jean de Cambon.

haco (1), juxta seu prope monasterium Grasse in terra inferiori, qui locus est domini comitis Marchæ et Vindocenensis, personaliter venit Geraldus d'Armanhiaco, comes Pardiaci, cum aliquibus de societate sua, quorum unus vocabatur inter se Rasolssetus, et alter Astorquinus, et alii qui cum eo erant, coram nobis Johanne d'Astaraco, vicecomite Amvillæ (2).

Qui dictus Comes, post prandium nobiscum sumptum, locutus fuit nobiscum, plura inter cetera quæ ipse Comes dixit nobis : quod ipse sciebat (et, ut dixit, in veritate consistebat) quod nos, Johannes d'Estaraco, habebamus librum consecratum cum quo omnia mala et bona de facto fiebant. Et inter cætera dixit nobis quod aliqui malivoli erant, nam detinebant ipsum deheredatum de pluribus hæredationibus; et propter hoc ipse comes Pardiaci volebat ab ipsis vindicationem ferre aut sustinere ; et, quod qualitercumque esset, ipse comes Pardiaci volebat ipsum interficere, et ex causa, etc[a].

Et hoc facto, et omnibus per ipsum Comitem nobis dicto Johanni d'Estaraco dictis et propositis, interrogatus fuit, ante et post plura, contra quem habebat malivolenciam. Dixitque contra hunc facientem se comitem Armanhaci, et suos, etc[a].

Et per nos Johannem d'Astaraco fuit interrogatus sub quibus modis, formis et male tractationibus volebat contra ipsum comitem Armanhaci procedi. Et dixit nobis Johanni d'Astaraco, in fide milicæ et fidelitatis, quod ipse comes Pardiaci fieri fecerat certas imagines a Milas, in Lombardia, per artistas illius villæ, et volebat ipsas consecrare cum libro consecrato; cum una quarum posset interficere comitem Armanhiaci, et cum aliis imaginibus alias personas post interfectionem comitis Armaniaci.

Et his dictis, per nos Johannem d'Astaraco dict[o] comit[i] (3) Pardiaci fuit dictum quod nos habebamus librum consecratum, et plures alias causas, [per]quæ et quas fiebant ad illud opus cons-

(1) Lesignat, département de la Charente, arrondissement d'Angoulême, canton de Rouillac.

(2) Anville, département de la Charente, arrondissement de Confolens, canton de Montembœuf.

Nous n'avons aucun renseignement sur ce personnage de la famille d'Astarac.

(3) La copie de Doat porte *dictum comitem*.

truendum; sed primitus volebamus videre...... (1) coram nobis illas imagines : quod et fecit. Et asportare dictus comes Pardiaci fecit illas imagines. Et, ipsis per nos visis, dicto comiti Pardiaci fuit dictum, quod umquam contra comitem Armanhiaci nec suos non prætermiteret unquam; qua de causa primo, quia nunquam contra nullam personam in talibus non nos habuimus, nec facere præsumimus; nec faceremus, nec præsumeremus unquam pro pluribus : primo quia non est in aliquibus in rea, et est de sanguine nostro innodato ; et propter sanam conscienziam quam semper contra tales præsumentes nec abutentes non nos habuimus nec haberemus ; sed tamen in nomine Domini iter suum ariperet, quia bene nos sciebamus illam malenconiam.

Et tunc dictus comes Pardiaci dixit nobis quod non vero faceremus bonum, ex eo quia nobis demostrare fecerat illas pestiferas et lethiferas imagines. Et cum hoc inter nos magna verba intervenerunt; de quibus quilibet nostrum male contenti nos habuimus. Et hoc dicto, dictus comes Pardiaci semper minas dando abinde recessit; et prædicta in effectu fuerunt et intervenerunt.

Et prædicta, causa veritatis, nos Johannes d'Astaraco deponimus; et ea tenere et sustinere præsto sumus contra quoscumque cujuscumque status aut gradus existant, còram quibuscumque potentibus hominibus justiciabilibus, manu nostra propria scripta (2).

JOHANNES D'ESTARACO, miles,
in utroque jure doctor, et
vicecomes Amvillæ.

(1) Ces points se trouvent dans la copie de Doat.
(2) La copie de Doat porte *scriptis*.

XVI.

PARIS, 7 JUILLET 1401.

LETTRES DU ROI CHARLES VI

DONNANT AU COMTE D'ARMAGNAC UN DÉLAI D'UN AN POUR PRÊTER HOMMAGE EN QUALITÉ DE PROPRIÉTAIRE DE TOUS LES ANCIENS ÉTATS DE GÉRAUD DE PARDIAC.

(Bibl. nation., Ms. français 18958, f° 294 v°. — Analyse du XVe siècle.)

L'inventaire des titres d'Armagnac, dressé par ordre de Louis XI en 1490, contient la mention suivante :

Item ung vidimus de lettres du roy Charles Sixiesme, données a Paris le septiesme juillet mil quatre cens ung, collationnés a la Chambre des Comptes, par lesquelles le dit seigneur donne terme, respit et souffrance de luy faire foy hommage des contez de Pardiac et de Malvesin, des vicontez de Fesansaguel et de Creissel, des chastellenies de Marueil, Arsins, Alleyrac et Vallerangue et les appartenances, jusques un an lors prochain ensuyvant; lesquelles furent a Gerault de Armaignac.

Et audit vidimus est attaché l'expedition de messires des Comptes, fete le quinziesme juillet mil quatre cens ung.

Cotté au dos V[c]LXXIIJ.

XVII.

GAGES, 8 AOUT 1401.

PROCURATION DU COMTE BERNARD D'ARMAGNAC.

(Bibl. nation., collect. Doat, vol. 210, f° 14. — Copie du XVII[e] siècle.)

Le comte d'Armagnac donne à Olivier La Borma, capitaine de Saint-Saturnin, et à maître Barthélemy Franc, son procureur de Rodez, pleins pouvoirs pour requérir le sénéchal de Beaucaire ou son représentant de le mettre en possession du lieu de Meyrucis (1) et de la vicomté de Creissels (2) dont il était légitime possesseur, ainsi que

(1) Lozère, arrondissement de Florac.

(2) Aveyron, arrondissement et canton de Millau.

le constataient des lettres closes du Roi et des lettres patentes du duc de Berry adressées au sénéchal de Beaucaire. Les fondés de pouvoirs du comte d'Armagnac sont également chargés d'une mission semblable auprès du sénéchal de Carcassonne, à propos du lieu d'Arzenc.

Il résulte de cet acte, ainsi que du précédent document et des deux pièces suivantes, que le gouvernement royal se montra très favorable à la saisie des terres de Géraud de Pardiac par le comte d'Armagnac.

XVIII.

[PARIS,] 30 SEPTEMBRE 1401.

HOMMAGE RENDU AU ROI CHARLES VI

PAR LE COMTE BERNARD D'ARMAGNAC POUR LE COMTÉ DE PARDIAC ET LES AUTRES DOMAINES ENLEVÉS A GÉRAUD.

(Bibl. nation., Ms. français 18945, f° 638. — Analyse du XVIe siècle.)

L'inventaire des titres d'Alençon, dressé en 1525, contient la mention suivante :

Une coppie d'un hommaige faict au Roy par Bernard, comte d'Armaignac, de la comté de Perdriac et des autres terres que Gerauld d'Armaignac, jadiz comte dudit Perdriac, Jehan et Arnauld Guillaume d'Armaignac, ses enffans, souloient tenir du Roy, ou que ce fust. Datté du dernier de septembre mil quatre cens ung.

Avec l'expedition faicte en la Chambre des Comptes, le XIIIIe de fevrier mil quatre cens deus.

Cottée par CIIII^{xx}X.

XIX.

PARIS, OCTOBRE 1401.

LETTRES PATENTES DU ROI CHARLES VI

CONFIRMANT AU COMTE BERNARD D'ARMAGNAC LA PROPRIÉTÉ DE TOUS LES BIENS DU COMTE DE PARDIAC.

(Arch. nation., JJ. 158, n° 375. Registre original).

PRO COMITE ARMENIACI (1).

Charles, etc. Savoir faisons a tous presens et a venir a nous avoir esté exposé de la partie de nostre tres chier et feal cousin Bernard, comte d'Armignac : Que comme Gerault d'Armaignac, nagaires conte de Perdiac, Jehan et Arnault Guillaume, ses enffans, qui sont descenduz de son hostel et sont et estoient ou devoient estre ses hommes, eussent pieça commencié guerre ouverte, lui absent et hors de son pais, contre lui, et lui eussent fait dommaigier ses terres et son pais, prendre et emprisonner son chancellier, ses gens et subgiez murdrir et tuer; et sur ce eust notre dit cousin obtenu de nous congié et licence de soy deffendre contre les dampnables propos et voulenté des diz Gerault, Jehan et Arnault Guillaume; et en reppellant force par force se soit defendu et revanchié tellement que par l'aide de Notre-Sire et la grant paine, frais et despens que icellui notre cousin y a mis et despendu, il a eu et obtenu victoire contre ses diz annemiz rebelles et desobeissans, par telle maniere qu'il a prises et occupées leurs terres et detient leurs personnes prisonnieres; et nagaires nous ait fait foy et hommaige lige de la dicte conté de Perdiac et de toutes les autres terres, rentes, seignories, revenuz et possessions quelconques, que les diz Gerault d'Armaignac et ses diz enfans conjoinctement ou diviseement tenoient et devoient ou vouloient tenir de nous en quelque maniere que

(1) Le greffier avait d'abord écrit : *Remissio pro comite Armeniaci;* ce qui était une erreur, car la pièce n'a eu aucune manière le caractère d'une lettre de rémission.

ce feust ou se peust estre : toutefoīs, pour ce que notre dit cousin se doubte que ou temps a venir nous ou nos officiers ne peussent pretendre les dictes conté, terres, seigneuries, rente, revenues et possessions a nous appartenir, ou que en icelle nous eussions aucun droit sur ce, nostre dit cousin nous a fait supplier que les dictes conté, terres, seignories, rentes, revenue et possessions quelxconques, qui furent des diz Gerault, Jehan et Arnault Guillaume d'Armaignac conjoinctement ou divisement et de chacun d'eulx, au tel droit comme nous y pourrions avoir, nous lui voulsisions donner de grace especial, et notre main ou lieu et chastel de Marueye, en la baronnie de Pressoyan et es lieux de Preissan, de Alayrac et d'Arsenx et autres lieux et terres que le dit Gerault d'Armaignac, jadiz conte de Perdiac, tenoit ou pais et seneschaucée de Carcassonne et ailleurs, et en ce qu'il avoit en la ville de Merciac et en aucuns autres lieux, par nos diz officiers mise d'iceulx lieux et terres faire lever, et a lui yceulx delivrer franchement ; mesmement que les gué, frais, despens, dommaiges et interestz par icellui nostre cousin et ses gens et subgiez soustenues et souffers pour la dicte guerre et defens montent plus tres grandement que les dictes conté de Perdiac, terres, seignories, rentes, revenues et possessions ne valent ne peuvent valoir. Pour ce est-il que nous, considerans les choses dessus dictes et les grans perils esquelx nostre dit cousin s'est mis de sa personne pour occasion de ce que dict est, inclinans a sa supplication, et aussi pour contemplacion de nostre tres chier et tres amé oncle le duc de Berry, qui de ce nous a tres instamment supplié et requis, considerans aussi les tres grans, notables et aggreables services que les diz predecesseures de notre dit cousin le conte d'Armaignac ont fais en plusieurs et diverses manieres a noz predecesseurs et a nous, et ceulx que icelui nostre cousin nous a fais ou temps passé, fait chacun jour, et esperons que face encore mieulx ou temps a venir, et aussi considerans la grant affinité qui est entre nous et lui a cause de nostre tres chiere et tres amée cousine sa femme (1), avertis et souffisamment informez des choses dessus dictes, a nos-

(1) Bernard VII avait épousé en 1394 la cousine germaine du Roi, Bonne de Berry.

tre dit cousin Bernart, conte d'Armaignac, dessus nommé, de nostre certaine science, grace especial et auctorité roial avons donné, remis et quictié, donnons, remettons et quictons par ces presentes, pour lui et ses hoirs et aians cause d'eulx, a tousjours mais perpetuellement et a heritaige, tout le droit que nous avons, pevons et devons avoir en quelque maniere que ce feust ou peust devoir estre es conté de Perdiac et toutes autres terres, segnoiries, rentes, revenues et possessions qui estoient ou devoient estre aus diz Gerault d'Armaignac et a ses diz enfans, ou a aucun d'eulx conjoinctement ou diviseement, quelles qu'elles soient et en quelque part qu'elles soient situées et assises. Et nostre dicte main mise es diz lieux de Marueys, baronnie de Preyssan, d'Aleyrac, d'Arsenx et de Marciac ou autres lieux et terres quelxconques qui furent aus diz Gerault et ses enfants ou a l'un d'eulx, pour quelxconques droit que nous y puissions avoir, d'iceulx lieux et terres ostons et removons plainement par ces presentes. Et voulons et ordonnons que toutes ycelles conté de Perdiac, terres, seignories, rentes, revenues et possessions avec leurs drois et appartenances qui jadiz furent aus diz Gerault, a ses diz enfans ou a l'un d'eulx, nostre diz cousin, ses hoirs et aians cause puissent et doient avoir, tenir, posseder et exploictier paisiblement a tousjours mais perpetuellement, et des conté et autres terres et seignories dessus dictes et de chacune d'icelles faire leur franche voulenté comme de leur propre chose, sans ce que ores ne ou temps a venir nous ne nos successeurs pour quelque chose, occasion, ou coleur que ce soit, leur soit ou puist estre mis aucun empeschement ou destourbier en ce, en aucune maniere; reservé et retenu a nous et a nos successeurs Roys de France les ressort et souveraineté des dictes conté, terres et seignories, et les foy et hommaige d'icelle et autres drois royaulx.

Si donnons en mandement par ces presentes aux senechaulx de Thoulouse, Carcassonne, Beaucaire, Rouergue, Quercin, Agenois et de Bigorre, et a tous nos autres justiciers et officiers, presens et a venir, ou a leur lieuxtenans et a chacun d'eulx, si comme a lui appartendra, que le dit Bernart, conte d'Armaignac, nostre cousin dessus nommé, ses hoirs, successeurs et aians cause, de nostre presente donation, grace et octroy facent et laissent joir et user plainement et paisiblement sans les empeschier, faire ne souffrir estre empeschiez en aucune maniere. Et tout ce qu'ilz trouveront estre fait au contraire retournent et remectent, ou facent retourner et mettre tantost et sans delay, ces lettres veus, aus mies et deu estat. Non obstans quelxconques ordonnances, stilles, arrests, establissement ou coustumes par nous, nos successeurs ou par nostre court faiz ordonnez, octroiez ou establiz au contraire. Et afin que ce soit ferme chose et estable a toujours mais, nous avons fait mectre a ces presentes nostre scel. Sauf en autres choses nostre droit, et en toutes l'autruy.

Donné a Paris au mois d'octobre, l'an de grace mil cccc et ung et de nostre regne le xxII^e^.

Par le Roy, en son Conseil, ouquel monseigneur le duc de Berri, messire Pierre de Navarre, messire Jacques de Bourbon, le Grand Maistre d'Ostel, messire Robert de Boissay et autres estoient.

G. Barrau.

XX.

Gages, 9 juillet 1404.

TRANSACTION

ENTRE LE COMTE D'ARMAGNAC ET ROGER BERNARD DE LÉVIS, SEIGNEUR DE MIREPOIX.

(Biblioth. nation., collect. Doat, vol. 210, f° 235. — Copie du XVIIe siècle.)

Géraud avait deux sœurs : Jeanne d'Armagnac, mariée à Jean de Lévis, seigneur de Mirepoix (1), et Mathe d'Armagnac. Le fils aîné de Jeanne, Roger-Bernard de Lévis, seigneur de Mirepoix et de la Garde, devenait, à défaut de Géraud et de ses fils, héritier légitime de la Maison de Fezensaguet (2). Pour prévenir ses revendications,

(1) Jeanne d'Armagnac fut mariée le 10 juillet 1371 à Jean de Lévis, IIIe du nom, seigneur de Mirepoix, de la Garde et de Montségur, maréchal de la Foi. De ce mariage naquirent Roger-Bernard, Gaston, Jean, Helepis et Jeanne de Lévis.

(2) Par son testament, en date du 20 juin 1389, le vicomte Jean de Fezensaguet, père de Géraud de Pardiac et de Jeanne de Lévis, avait ordonné que si

le comte d'Armagnac lui proposa une transaction qui fut conclue, le 9 juillet 1404, entre Thibaud de Lévis, seigneur de Lieurac, et Raymond de Montfaucon, seigneur de Roquetaillade, arbitres de Roger Bernard de Lévis, d'une part ; et Guillaume de Soulages, seigneur de Tolet, et Pierre Valette, arbitres du comte, d'autre part.

En vertu de cette transaction, le comte d'Armagnac abandonne au seigneur de Mirepoix la baronnie de Preixan avec toutes ses dépendances, Arzenc, Alairac, la Loubière, (1), Cueilles (2), etc. Il lui donne en outre 4000 l. t., dont 500 l. déjà payées et 1500 l. versées séance tenante. Enfin il accorde 3000 l. t., pour solder la dot de Mathe d'Armagnac et autres droits. Moyennant quoi le seigneur de Mirepoix renonce à toute prétention sur la succession de Géraud, en promettant d'amener ses frères et ses sœurs à suivre son exemple, de passer à Mathe d'Armagnac l'usufruit de la baronnie de Preixan et d'Arzenc, et enfin de garantir le comte Bernard contre toute réclamation de ladite Mathe d'Armagnac.

XXI.

GAGES, 9 MAI 1405.

TRAITÉ D'ALLIANCE

ENTRE LE COMTE D'ARMAGNAC ET ROGER BERNARD DE LÉVIS, SEIGNEUR DE MIREPOIX.

(Bibl. nat., coll. Doat, vol. 211, f° 13. — Copie du XVIIe siècle.)

Le comte Bernard VII et Roger-Bernard de Lévis concluent une alliance offensive et défensive envers et contre tous, sauf le roi de France et ses enfants, les ducs d'Orléans et de Berry, Thibaud de Lévis, seigneur de Lieurac, Philippe de Lévis, seigneur de Florensac, le seigneur de la Roche et les enfants de Philippe de Brueyres. En même temps ils ratifient personnellement la transaction conclue l'année précédente par leurs mandataires.

Géraud et ses deux fils mouraient sans héritiers, ce qui arriva justement, tous ses biens passeraient à Roger-Bernard de Lévis (Bibl. nation., Ms. français 18944, f° 351 v°).

(1) Département de l'Aveyron, arrondissement de Rodez, canton de Bozouls.

(2) Commune de Nauviale, département de l'Aveyron, arrondissement de Rodez, canton de Marcillac.

XXII.

PARIS, 21 MARS 1408 (n. s.)

DÉCLARATION

PAR LAQUELLE GASTON DE LÉVIS APPROUVE LA TRANSACTION PASSÉE AVEC LE COMTE D'ARMAGNAC.

(Bibl. nat., collect. Doat, vol. 211, f° 67. — Copie du XVIIe siècle.)

Gaston de Lévis, écuyer, frère de Roger-Bernard de Lévis, seigneur de Mirepoix, fait cette déclaration devant deux notaires au Châtelet de Paris.

XXIII.

PARIS, 6 AOUT 1408, et MONTPELLIER, 11 OCTOBRE 1408.

ACTES

EN VERTU DESQUELS ROGER BERNARD DE LÉVIS FUT CITÉ DEVANT LE PARLEMENT DE PARIS.

(Bibl. nation., collect. Doat, vol. 211, f° 146. Copie du XVIIe siècle.)

Le comte d'Armagnac, attaqué par les deux sœurs de Géraud qui lui intentaient un procès devant le Parlement de Paris, avait été autorisé par lettres royales du 6 août 1408, dont la copie est insérée dans l'acte du 11 octobre, à appeler en garantie qui il voudrait. En conséquence, Roger-Bernard de Lévis est sommé le 11 octobre 1408, à Montpellier, par le procureur du comte d'Armagnac, d'avoir à comparaître devant la Cour.

C'est au procès de Jeanne et de Mathe d'Armagnac contre le comte Bernard VII que sont relatives toutes les pièces suivantes jusqu'au n° XXIX.

XXIV.

MONTPELLIER, 11 OCTOBRE 1408.

PROCURATION DE ROGER BERNARD DE LÉVIS.

(Bibl. nation., coll. Doat. vol. 211, f° 153. — Copie du XVIIe siècle.)

Roger-Bernard de Lévis, voulant intervenir en faveur du comte d'Armagnac, charge Guillaume Cousinot, Guillaume Intrant, Pierre de Nérac, Jean de Combes et Philippe Vilate, procureurs au Parlement, de le représenter devant la Cour.

XXV.

PARIS, 18 AVRIL 1409.

LETTRES DE CHARLES VI

ÉVOQUANT A SON GRAND CONSEIL LE PROCÈS INTENTÉ DEVANT LE PARLEMENT DE PARIS AU COMTE D'ARMAGNAC PAR LES SŒURS DE GÉRAUD DE PARDIAC.

(Bibl. nation., coll. Doat, vol 211, f° 213. — Copie du XVIIe siècle.)

Charles, par la grace de Dieu, Roy de France.

A nos amés et feaulx conseilhers, les gens tenants nostre present Parlement, Salut et dilection.

De la partie de nostre tres chier cousin le comte d'Armagnac, nous a esté exposé que pieça, pour raison de certaines rebellions, pilleries, roberies et guerres mortelles que Geraud d'Armagnac, comte de Pardiac, Jehan et Arnaud Guillem ses fils, hommes de foy, vassaulx et subgects dudit exposant, luy avoient fait et faisoient, et des lieux et forteresses mesmes que iceulx pere et fils tenoient en fief dudit exposant, et avecques Anglois et ennemis de nostre royaume qu'ils avoient mis et tenoient en icelles forteresses, et luy avoient couru et pillé sa terre, pris son chancellier et plusieurs autres ses serviteurs, hommes et subjects et leurs biens, boutez feulx, tué, murtri et reançonné ses hommes et subjects, et plusieurs autres exces tres enormes et detestables, iceluy exposant, par vertu de certaines nos lettres a luy sur ce octroyées par l'advis et deliberation de nostre grand Conseil, eust resisté a la male volonté et entrepriuse des dits Gerault et ses enfans, et de leurs complices, et tant que, moyennant plusieurs grans frais, missions et despens, peines, travaulx et perils, il les eust prins ; et aussy, pour soy desdomager et defrayer, et pour recouvrer les personnes et biens des dits chancelicrs, serviteurs, hommes et subgiez qui estoient detenus prisonniers par les dits Gerault, ses enfans et leurs dits alliés, le dit exposant eust prins par force plusieurs lieux et places d'icelluy Gerault, et les dits enfans, et leurs dits alliés, comme loisible luy estoit de faire, tant par raison escripte, comme par vertu de nos letres de congié et licence, et autres causes et raisons a declarer plus a plain en temps et en lieu. Neantmoins, Jehanne et Mathe d'Armagnac, eulx disans sœurs du dit feu Gerault, et tantes des dits Jehan et Arnaud Guillem ses enfans, pour raison des choses dessus dites, ont mis en cause le dit exposant, en nostre cour de Parlement, et en icelle tant procedé que le dit exposant a eu plusieurs delais; et derrierement a eu jour et delay de garant, et de venir deffendre comme apres garant. Et en icelle cour s'efforcent les dites sœurs de le mettre en grans involupcions de proces, qui luy semble contre raison, et en son grand prejudice et domage, si comme il dit. Pour ce est-il que nous, ces choses attendeues et considerées, et mesmement que ceste matiere touche droit d'armes, et descent de fait de guerre, dont a nous, en nostre personne, appellés avecques nous ceulx de nostre sang et lignatge, et noz officiers et capitaines sur le dit faict de la guerre ayans experience en tels faits et besonhes, appartient la connoissance; consideré aussi que ceste matiere touche grandement l'honneur de nostre dit cosin, et que a nous et a ceulx de nostre grand Conseil appartient l'interpretation de l'octroy par nous sur ce fait a icelluy nostre cousin, et par vertu duquel il a procedé contre les dits pere et fils, comme dit est, et pour certaines autres choses justes et raisonnables a ce nous mouvans : avons disposé de connoistre en nostre personne de ceste matiere, appellez avecques nous ceulx de nostre sang et lignage, et autres de nostre grand Conseil. Et pour ce, icelle cause en l'estat qu'elle est avons evoquée, et, par ces presentes, evoquons par devant nous, en nostre grand Conseil; et vous en interdissons et deffendons d'ores en avant toute court et connoissance. Si vous mandons et expressement enjoignons que la dite cause, avecques les parties adjournées, vous renvoyez a certain jour par devant nous, en nostre grand Conseil, en laquelle nous mesmes; et renvoyons par ces presentes pour estre par nous oye et determinée comme de raison sera. Car ainsi le voulons nous estre fait, et au dit exposant l'avons octroyé et octroyons de nostre certaine science, grace special et plaine puissance, par ces presentes, nonobstant ordonnances, mandement, usage ou stille de nostre dite court et letres subreptices quelsconques empetrées ou a empetrer, a ce contraires.

Donné a Paris, le dix et huictiesme jour d'avril, l'an de grace mil quatre cents et neuf, et le vingt et neufviesme de nostre regne.

Par le Roy; presens le seigneur de Bacqueville, le seigneur de Montmorancy, messsire Jehan de Chambrillac et autres.

BARRAU.

XXVI.

REQUÊTE DU COMTE D'ARMAGNAC AU ROI,

RÉPONDANT AUX ACCUSATIONS PORTÉES CONTRE LUI DEVANT LE PARLEMENT PAR JEANNE D'ARMAGNAC, SŒUR DE GÉRAUD DE PARDIAC.

(Bibl. nation., collect. Doat, vol. 194, f° 252. — Copie du XVIIe siècle.)

Cette pièce ne porte pas de date et il nous a paru préférable de la rapprocher des plaidoiries de 1410. Mais elle est sensiblement antérieure, car la *Supplication et Requête* de Jeanne d'Armagnac (1) à laquelle le comte Bernard VII répond paraît avoir été rédigée avant la mort de Géraud de Pardiac, c'est-à-dire avant le 17 juillet 1402.

AU ROY NOSTRE SIRE.

Signifie exposant humblement le vostre humble comte d'Armaignac que comme la dame de Mirapoix, seur de Gerault qui

(1) Nous avons vainement cherché cette *Requête* à laquelle le Père Anselme (*Hist. généalogique de la Maison de France*, III, pag. 435) a peut-être

estoit comte de Pardiac, au nom de son dit frere et de ses neveux Jehan et Arnaud Guillem (fils du dit Guillem) (1) fils du dit Gerauld, ait de vous empestrées certaines letres en cas de nouveleté d'offense a l'encontre du dit comte exposant et au prouffit du dit Gerault et ses fils sur ce que, disoit la dite dame, le dit comte exposant avait occupés les t[er]res (2), villes et chateaux que les dits pere et fils tenoient, et en oultre eux detenu en prisons fermes, demandant ou nom que dessus resaisissement de biens et terres et relaxtions des personnes des dits pere et fils, et estre envoyés par devers vous et vostre court honnorable de Parlement a Paris, le dit exposant estre ajourné par dela pour deffendre la dite cause en cas d'opposition, et en icelluy les dites terres estre mises a vostre main; et aussi comme la dite dame, beant (3) ou nom que dessus ne povoit venir a son optat, pour ce quar par vostre grace octroiastes letres au dit exposant que vos autres letres ne fuissent mises a execution, octroiant au dit exposant le terme de la Saint Remy prochain venant ouquel terme il doie envoyer pour respondre a ce que la dite dame avoit impetré au nom que dessus, ait nouvellement baillée supplication et requeste a vous et aux seigneurs et gens de vostre honnourable conseil, demandant en effect ce dessus et d'oultre pour annuller la dite grace et respit par vous octroiée au dit exposant : en l'impetration des dites letres et aussi en la requeste darriere baillée, la dite dame a donné entendant chose contre verité, sauve honneur de vostre royal Majesté et de tous autres a qui appartient.

Et premierement, sur ce que dit que de raison et par ordenances royaulx toute voie de fait et de guerre est deffendue en vostre royaume et par special entre vos tres soubgiés et vassaulx, et le dit Gerault ait tousjours esté vray vassal et hobeissant votre etc..., quar encontre ceste raison et ces ordennances, le dit Gerault et ses fils, par leur grant orgueil, de vous ne d'autre a ce aiant

emprunté le récit de l'arrestation des fils de Géraud, reproduit plus tard par Monlezun (*Hist. de Gascogne*, IV, pag. 114). Nous faisons appel à tous nos lecteurs pour nous aider à retrouver ce document.

(1) Ces trois mots proviennent sans doute d'une erreur du copiste employé par Doat.

(2) La copie de Doat porte *tres*.

(3) (*Sic*).

povoir, commancicrent et firent guerre a la comtesse de Comenge, seur du dit exposant, et a li mesmes; et par ainsi, et par les autres choses qui se diront apres, il ne vous fu mi hobeissant, quar il rompit vos ordennances en ce qu'il fit commencement de la guerre.

Et apres sur ce que elle dit, ou nom que dessus, que sans ce que le dit Gerault son frere ait aucune chose mesfait ne mesdit au dit comte exposant, le dit exposant li a fait faire guerre ouverte &a., la dite dame a taisié de la verité, souvé son honneur, quar ses dits freres et ses nepveux, estant le dit compte exposant par devers monsieur le duc de Berry en Poitou, firent prendre son chancellier qui estoit en la viscomté de Lomaigne, propre heritage du dit exposant, et fit [mener] (1) dedans la ville de Malvoisin en la viscomte de Fasensaguel, et firent chevauchier par toutes les terres que le dit exposant a en Gascogne, et prendre gens et faire rançonner et aussi prendre bestes et autres biens et tuer hommes, et faire tous autres maulx que communement se font en guerre; et qui pis est, fut fait dedens vostre propre terre comme bien pres de vostre cité de Thoulouse et de vos villes de Beaumont (2) et de Marciac ou furent apprisonnées grant foison de gens et soubgiés du dit suppliant, sans ce qu'il leur eust en riens mesfait, ou les eust aucunement offendus ne que de reis s'en gardast. Et s'aucun espoir (3) vouloit dire que le dit Gerault et ses fils avoient cause juste et occaison de ce faire, pour ce que le dit exposant avoit baillé de ses gens d'armes a sa dite seur de Cominge, sauve l'honneur de qui en vouldra parler, ce que fu mie juste occasion, quar ils avoient commancée guerre sans cause a la dite comtesse, et puisqu'elle estoit deffendante se pouvoit deffendre selon droit divinel et humain, et aussi elle en oc license de vous. Et en outre, attendue la grande affinité et le linage qui est entre le dit exposant et ses niepces, filles de feu messire Jehan comte d'Armagnac et de Cominge son frere, dont Dieu ait l'ame, et de la dite comtesse; et quar elle a esté sa dame, vivant son dit feu frere; et encore plus quar de molt lonc temps a esté et est aliance entre

(1) La copie de Doat porte : *mesme*.

(2) Il est probable que le copiste de Doat a commis une erreur et qu'il aurait fallu lire : *Beaumarchez* au lieu de *Beaumont*.

(3) (*Sic*).

l'ostel du dit exposant et celui de Cominge; et que par sa dite seur fu semons et requis par vertu des dites aliances de li aidier et secourir : au dit exposant fu chose licite et honeste et de droit et pour faire son devoir. Et bailla de ses gens a sa dite seur pour soy deffendre; combien que le dit exposant, de ses forteresses en hors, par vertu de la dite aliance et proximité, luy fuist licite chose aidier a sa dite seur, il ne voulu faire, encore par expres deffendre a ses officiers qu'ils ne souffrissent en aucunes manieres que nulle gens d'armes de la dite comtesse, supposé que elle fuist deffendant, entrassent dedens ses forteresses. Et encores plus pour mieux mostrer sa bonne intention, le chancellier du dit exposant envoia au dit Gerault un escuier nommé Benardon de Saincte Geme (1) pour luy noteffier et presenter que, si le dict Gerault se tenoit pour mal content d'aucun de la partie du dit exposant, il le feist amender et faire raison telle qu'il apartiendroit.

Et quant est sur ce que contient la dite requeste que le dit exposans a prins et occupé, et encore occupe le greigneur parties des terres, et tient emprisonnés le dit Gerault et ses fils, ne consideré ce que dit est et si apres est contenu, la dite dame a taisié de la verité, laquelle est que, quant le dit exposant qui estoit a Poitiers ouy les nouvelles que son chancellier qui avoit la garde et gouvernement de son païs avoit esté prins et que le dit Gerault luy faisoit guerre ouverte, il mist poine de soy deffendre; toutes voies, jasoit ce que selon droit luy soit permis de soy deffendre, et en outre que les barons de Guienne aient privilege ancien de vos predecesseurs Rois de France de faire guerre l'un a l'autre et en aient usé par moult longtemps, neanmoins le dit exposant ne s'esmut onques sans vostre congié et license, laquelle la vostre grace luy octroiastes, comme appert par vos lettres. Et lors, obtenue license de vous, il se deffendit au mieulx qu'il peut. Et pour ce que le dit Gerault et ses fils avoient mis en plusieurs de leurs forteresses diverses nations et gens d'armes comme Bear-

(1) Bernard de Gères de Sainte-Gemme, fils d'Eudes ou Odon de Gères, seigneur de Sainte-Gemme, dont il a été parlé plus haut, pag. 27, était seigneur de Lauret, près Sainte Gemme, et de Mongaillard, qu'il vendit à Bernard de Grossolles en 1403 (*Nobiliaire de Guyenne et Gascogne*, généal. de Gères, tom. III, pag. 13).

nois et Anglois et de celles de leurs terres, et regardant sur ce le dit exposant qu'il ne pouvoit bien deffendre sa terre qui est large et grant, ne recouvrer son dit chancellier et grant multitude de ses soubgiés et leurs biens, qui estoient prins et mis dedens leurs forteresses, ne estre mieulx asseur de ses dicts ennemis que grand dommage n'avenist assa terre et soubgiés, si ce n'estoit qu'il assiejast les forteresses du dit Gerault, dont le mal lui estoit venu et povoit venir, au soit mis le siege aux dites forteresses, que les prist et encores tient; et prist aussi les personnes du dit Gerault et de ses fils. Et combien que le dit exposant eust bien raison de ce faire comme dit est, y fu plus esmeu de faire, quar il estoit vois et fame commune que l'un des dits fils tractoit de soy faire englois avecques aucunes notables forteresses qu'il tenoit; et estoit la chose plus creable pour ce que l'on disoit que en Angleterre se faisoit grand assemblée de gens d'armes pour venir en Guienne avecques le comte de Rocholande (1), lequel est puis venu a Bordeaux. Et pour obvier non tant seulement a son propre dommage mes aux perils eviter, qui pour ce dessus, si fuist avenu, se pouvoient ensuir, failli que le dit exposant se penast et moist plus grand poine de prendre, occuper et soy saisir des dites forteresses et des personnes au dit pere et fils; et pour la grand fame et renommée qui estoit de la venue des dits Anglois en Guienne, le dit exposant vous envoia a dire et presenta par ses letres qu'il estoit prest et appareillié pour l'ameur de vous, et le proufit de vostre royaume, et grevance de vos ennemis, de tenir ensemble toutes ses gens d'armes.

Et sur ce que la dite dame dit en sa requeste que le dit exposant a detenus et detient les fils du dit Gerault en prison, lesquels en fiance du comte de l'Isle et d'aucuns leurs amis, et asseurés par le dit exposant qui dit que seurement allasent par devers li, y vindrent comme asseurés, et la dite dame a dit ce que li a pleu, quar onques ledit exposant ne donna congié ne license a personne du monde de les asseurer, ainçois par expres commandement a

(1) Édouard, comte de Rutland et de Cork, fils du duc d'York, était en 1401 lieutenant général du roi d'Angleterre en Guyenne (Rymer, *Fœdera, Conventiones, Litteræ*, etc., 3e édition, III, part. IV, pag. 150).

son oncle le comte de l'Isle, qui de ceste chose se mesloit, par expres que il dit aux fils du dit Gerault : que s'avisassent bien que ne le vissent, a li si haut et bas ne se vouloient sosmectre assa voulenté ; et aussi poy le dit comte de l'Isle ne leur raporta autre chose que ne leur dist qu'il les asseurast. Et cecy se puet prouver par des gens dignes de foy (1).

Et sur ce que contient plus la dite requeste que le dit exposant a detenus et tient les dits fils en prison ferme et destroite, ce qu'il ne devoit ne povoit faire, le dit exposant dit, sur ce, que il les puet tenir en prison et punir des crimes qu'ils ont perpetrées, et fait perpetrer dedens la propre terre du dit exposant ou il a justice, haulte et basse, et de droit commun li appartient punir tous malfaiteurs, et d'oultre, quar il se soubmistrent de leur bonne et franche volonté tout haut et bas, des mals que fais avoient, a la voulenté et ordenance dudit exposant, presens a ce plusieurs notables personnes, et de leur soubmission furent retenus instrumens publics par notaires roiaulx et apostoliques.

Encore plus quant la dite dame dit en la dite requeste que combien que le dit Gerault ait tousjours esté prest d'ester a l'ordenance vostre, le contraire appert en ce que le dit Gerault fist prendre le chancellier du dit exposant et chevauchier sa terre, et faire guerre ouverte sans deffier le dit suppliant, et sans le congié vostre et sans le demander.

Et quant a ce que est plus contenu en la dite requeste que le dit Gerault a tousjours hobey a vous et a vos officiers, e en a lessié faire guerre par leur commandement, quoy que la bonne dame die en ceste partie, le contraire appert, quar, comme dessus est dit, contre les ordenances royaulx il commança la guerre, et onques ne s'en cessa, ne a ses gens ne commanda que s'en cessassent, ainçois persevera en sa malice jusques a tant qu'il fut prins;

(1) On trouve dans le Père Anselme (III, pag. 435), un récit assez dramatique de l'arrestation des fils de Géraud. D'après ce récit, les deux jeunes gens seraient venus à Auch le Jeudi-Saint (ce ne peut être qu'en 1401), sur le conseil du comte de l'Isle et de Bertrand, bâtard d'Armagnac, pour se mettre à la merci du comte d'Armagnac. Le comte de l'Isle aurait joué, comme intermédiaire, un rôle important. Il est possible, ainsi que nous l'avons déjà dit, que les éléments de ce récit soient empruntés à l'article de la requête de la dame de Mirepoix auquel répond le présent passage de la requête du comte d'Armagnac.

et encore pour ce, ses complices ne s'en sesserent, quar apres sa prinse prindrent des soubgiés du dit exposant. Et cessy est notoire, et chose publique en pais de Gascogne.

Et quant a ce qui est contenu que le dit exposant n'a volu faire, ne hobeir aux inhibitions des officiers votres, tout le contraire de cessi est vray, quar le dit exposant a tousjours hobey a vous et a vos officiers ; et si tost que vostre seneschal de Tholouse li deffendi que ne prestat plus gens assa dite seur de Cominge, il s'en cessa de fait que puis ne luy presta aucun homme ne plusieurs ; et aussi quant vostre seneschal de Carcassonne luy fist inhibition que ne feist guerre en sa seneschaussée, il y hobey. Et aussi se trovera par la relation de la conté (*sic*) dudit seneschal ; et nulles autres inhibitions au dit exposant pour ceste besoigne ne furent oncques faites.

Et sur ce que dit plus que le dit exposant a tellement pressé le dit Gerault qu'il n'a peu envoier par devers vous a remede, sauve tousjours vostre grace et honneur, cessi n'est pas vray, quar il envoia a Bordeaux, au capitaine de Lourde, a Raymonet de Sort, au seigneur de Lescung (1), et a plusieurs autres grands seigneurs de l'obeissance de vostre adversaire ; et, s'il voulu, aussi bien eust-il peu envoier par devers vous comme fist devers les autres.

Et quant dit que le dit Gerault n'a osé assembler gens d'armes pour doubte de desobeir auxdites inhibitions, la dite dame est deceue, quar le contraire se trouvera, quar apres les inhibitions assembla le bort de Lescunh qui est Anglois (2), et messire Assiu de Queueraze (3), messire Sicard de Laborde (4), avec grant

(1) Fortaner de Lescun, l'un des plus puissants vassaux du comte de Foix. Sa petite-fille, Marie de Lescun, épousa, en 1457, Odet d'Aydie.

(2) On voit figurer un borc (bâtard) de Lescun dans les rôles de l'armée de Gaston-Phœbus, de 1376 à 1378 (*Archives historiques de la Gironde*, XII, pag. 161).

(3) Mossen Assiu de Coarraze accompagnait, en 1376, le seigneur de Coarraze à l'armée de Gaston-Phœbus (*Archives historiques de la Gironde*, XII, pag. 142). La seigneurie de Coarraze était, comme celle de Lescun, une des premières baronnies de Béarn.

(4) On trouve dans les rôles de l'armée de Gaston-Phœbus plusieurs hommes d'armes portant le nom de de Laborde : Arnaud de Laborde (pag. 295), Gaillard de Laborde (pag. 152), Raymond de Laborde (pag. 155), etc., etc.

nombre de gens d'armes; et si plus en eust peu avoir il en eust plus euz; et ceux-la fist il venir a soy mesme dedens Monlesun, et les fist aller chevauchier devant la cité d'Aux ou ils tuerent deux hommes, et en prindrent plusieurs soubgiés du dit exposant, et les ne menerent prisonniers dedens les forteresses du dit Gerault, et illuc les firent rançonner.

Et en oultre, messire Bernard de Queueraze (1) et plusieurs autres gens d'armes, que par avant ses fils avoient envoiés querir, chevaucherent en plusieurs parties de la terre du dit exposant ou ils firent moult de grans dommages.

Sur ce que plus dit, que le dit exposant a occupées plusieurs forteresses qui estoient en vostre sauvegarde, ceste partie ne contient verité que ses terres fussent en sauvegarde; ne jamais le dit exposant, ne ses gens, n'y virent, ne troverent penunceaux royaux, et par consequent si n'en y trouverent ne les bouterent a terre; et, supousé et non octroié que en aucunes fuist sauvegarde octroiée, il meismes la rompi en faisant guerre contre raison, de celles forteresses en hors, et en mettent dedens les prisonniers et les biens pilliés et robés; et sauvegarde ne se octroie pas pour offendre mais pour deffendre e garder.

Et quant se dit le dit exposant avoir impetré letres de vous subrepticement, c'est mal dit et contre verité, quar n'ont pas esté impetrées subrepticement, ainçois les avés vous et vostre conseil octroiées pour ce que vous est apparu evidemment, et vostre court en estoit clerement enfourmée, le dit Gerault et ses fils avoir commencé la dite guerre, et que par vostre congié et lisense le dit exposant s'est justement deffendu. Et aussi se prouvera clerement quand besoin sera, tant par vos letres sur ce octroiées quant par autres pluseurs manieres.

Et quant a ce que dit si sur ce n'est pourveu de remede et justice, dit sur ce le dit exposant que il luy appartient faire justice et raison des dits pere et fils pour les occisions des gens, robement, pillement, et autres enormes crimes qui ont fait faire en la terre du dit exposant, ou il a toute justice. Et entre les autres exes,

(1) Peut-être s'agit-il de Bernard de Coarraze, seigneur de Berat, dont la fille Brunicen fut la première femme d'Arnault de Montaut-Bénac.

a leur requeste, pourchas, et commandement ou de l'un d'enlx, a esté tué un moyne en la terre que tenoient en fief noble du dit exposant, et laquelle terre ressortissoit a la court des appeaulx du dit exposant; et aussi appartient au dit exposant par vertu de la submission qu'ils ont faite, dont dessus est faite mention.

Quant a ce ou est dit seroit directement a vostre souveraineté de ceste chouse cy, se deussient estre advisés les dits pere et fils que ne se fuissent meslés d'avoir encommanciée guerre contre raison, comme dessus est dit plus largement; et pour ce le dit exposant demanda vostre congié et licence, laquelle vostre grace vous l'ottroiastes, comme dit est, afin que ne peut estre chargié d'avoir faite chose otrageuse.

Et quant a ce que contient plus la dite requeste, que les dites letres impetrées par la partie dudit Gerault soient mises a execution, le dit exposant dit que ne se doibt faire, quar ledit Gerault ou nom duquel sont impetrées a finé ses jours (1); et supposé que vesquit ancore, li devroient a profiter pour les crimes qu'il a commis, comme dessus est dit.

XXVII.

PARIS, 26 AOUT AU 11 SEPTEMBRE 1410.

PROCÈS

DEVANT LE PARLEMENT DE PARIS ENTRE LES SŒURS DE GÉRAUD ET LE COMTE D'ARMAGNAC.

(Archives nationales, X1a 4788, fos 573-581. — Registre original.)

I.

(*Registre cité*, *fo* 573.)

MARDI XXVI JOUR [D'AOUST 1410].

Entre madame Jehanne d'Armignach et sa suer, d'une part, et le conte d'Armignach, d'autre part.

Disent les demandeurs que messire J. d'Armignac eut J., Mate

(1) Géraud de Pardiac était déjà mort à la date du 17 juillet 1402 (*Arch. de l'Aveyron*, C. 1455, fo 1 vo). Voir plus bas, pag. 101, note 1.

et Jehanne a enfans de Jehanne... ; de J. vint Gerart qui eut Arnault Guillem et J. a enfans (1). Fu le pere de Gerart, seigneur de plusieurs terres que occupe ledit conte, auquel dist que c'estoit maufruit de lui gaster ses terres et les terres de Perdirach. Depuis Gerart qui estoit en voyage moru, qui avoit recommandé ses terres pour et au profit de ses filles au conte de Perdriac. Aussy lui dist le feu arcevesque d'Aux, que *in contemptu hujus* le tint prisonnier v ans. Pour ce aussy que le conte de Perdriac en avoit parlé, conceut hayne contre lui (2). *Causa magna multum et criminalis* jointe au graiphe criminel. Et, sinon, propose selon leur impetration en concluant : que ledit d'Armignac soit condempné et contraint a fonder une eglise collegial de iiij^{m} livres de rente a ses despens; et soit faicte une representation et figure d'argent qui represente le faict et delict; et pource qu'il y a eu accors et transpors, protestent de les debatre et soient mis au neant; et oultre conclu a amende honorable, ceans et devant les chasteaulx ou furent mors et occiz ceulx dont a parlé, sans chaperon, sans ceinture, a torches, en criant mercy et en disant que a tort a fait le fait; et soit contrait d'amener l des plus coulpables ; et, pour amende profitable, en un milion d'or ; et a restituer les terres et frais, dont soient creux par leur serment; et a tenir prison et par prinse de biens et a dammages, interests et despens et provision de tout, au moins de la moitié, alias a telle que la Cour verra, *visa maxime notorietate* ; et soit

(1) Cet essai de généalogie est rempli d'erreurs. Géraud de Pardiac n'était pas le neveu, mais le frère de Mathe et de Jeanne d'Armagnac. Ce prétendu J., père de Géraud, n'a jamais existé. Quant à la *Jehanne...*, prétendue mère de Mathe et de Jeanne, ce doit être leur grand'mère Jeanne de Comminges, femme du vicomte Géraud I de Fezensaguet. La mère de Géraud, de Mathe et de Jeanne, était Marguerite de Caraman, fille d'Arnaud d'Euze, vicomte de Caraman, et petite-nièce du pape Jean XXII.

(2) Ce passage, transcrit textuellement, est absolument incompréhensible. Nous croyons qu'il faut pour le rendre plus clair substituer au nom de *Gerart*, celui de *Jean* et y voir une allusion aux événements qui ont suivi la mort du comte Jean III d'Armagnac, alors que la comtesse Marguerite de Comminges, secondée par Géraud, cherchait à assurer aux filles de Jean III la succession de leur père, au mépris des droits incontestables de Bernard VII.

Quant à l'archevêque d'Auch, ce doit être Jean Flandrin, que le comte Bernard VII remit entre les mains d'un envoyé du pape Benoît XIII, le 17 août 1396 (Bibl. nation., coll. Doat, vol. 287, f° 27). Cette arrestation de Jean Flandrin reste l'épisode le plus obscur de la vie du comte Bernard VII.

tout mis en la main du Roy pour leurs bailler ce que requierent, au moins que la main du Roy y soit mise; et requierent l'adjunction du procureur du Roy. Et pour ce que les informations sont advées des le temps de maistre Pierre Le Cerf, lors procureur du Roy, requierent que H. Belet, qui lors estoit, soit sur ce interrogué. Et a juedi revendra le defenseur, alias etc...

II.

(*Même registre*, *f°* 573.)

JUEDI XXVIII JOUR [D'AOUST].

En la cause de dame Jehanne d'Armignac et sa suer, d'une part, et le conte d'Armignac, d'autre part;

Qui, apres ce que sommé aucuns contre qui a eu defaut, a Lespoisse dit, ou son conseil pour lui, que maistre Guillaume Cousinot (1) estoit chargié de plaider la cause, et il est absent; et si escripvi lettres excusatoires le duc de Berry, parce que Armignac devoit ou voloit estre present en personne; et sur ce eurent bonne esperance de la Court de l'atendre. Neantmoins, les dictes dames se sont hatées jusques a la fin du parlement, qu'il n'avoient plus esperance de plaider la cause de ce parlement, et tant que de present dient, par leur serment priz, eut bien un an en yver, n'oyrent parler de la chose par maniere de collacion; et neantmoins l'en leur a enjoint qu'il en fussent preets juesques a la requeste du conte, qui neantmoins avoit chargié ledit Cousinot de plaider. Et si est la chose tant grosse que, en viij jours entiers, n'aueroit nul d'eulx conceu la besoigne. Pourquoy, attendu ce que dit est, et que les demandeurs ont attendu plus que tant, et n'est pas cause de plaider maintenant, et si offrent a Vermandois (2) plaider, mesme par peremptoire, car aussy de raison escripte *propter absenciam advocati danda est dilatio*, ait delay grant.

Les dictes dames dient, au contraire, que la cause est si niaise

(1) L'un des plus célèbres avocats de l'époque, dévoué au parti d'Orléans qui commençait alors à s'appeler le parti Armagnac.

(2) C'est-à-dire à l'époque où l'on jugeait les appels du Vermandois.

du cousté d'Armignac, qu'elle ne se pourroit justifier. Et neantmoins fu Armignac adjorné par dela en cas de gage l'an cccc iiij, et l'an cccc v fu ancor adjorné a Paris ou il estoit, et a sa personne, et eut delay pour sommer le sieur de Mirepoix a l'an cccc viij, ouquel temps ne print point son exployt. Depuiz, en plusieurs temps et journées ont fait diligence, et jusques aux jours des senechauciées qui sont de present que leur cause estoit ou role la seconde, et n'y fait l'absence de l'advocat qui a esté present par tout le parlement, et qu'il a esté sommé par lettres de faire son devoir, et jusques a ce qu'il s'est absenté puis iiij ou vj jours. Et pour ce que *notorium est* de la iniquité de la cause du costé d'Armignac et de la grosseur de la cause, leur offrent qu'il revignent lundi ou mardi prouchain.

Appoinctié que les defendeurs revendront pour defendre comme apres garant, au landemain de la Nostre-Dame en septembre, et a commendé la Court a Intrant qu'il se charge et se appreste de defendre a la dicte cause, et venra Villate comme procureur du seigneur du dit Mirepoix au dit jour pour oïr les sommations.

III.

(*Même registre, f° 579 v°*).

MARDI IX JOUR [DE SEPTEMBRE].

Au conseil. Et fu envoiez au chancellier pour avoir son adviz se l'en plaideroit la cause des dames Jehanne et Mathe d'Armignach a l'encontre du conte d'Armignac; lequel chancellier dist que c'estoit l'entention du Roy que la dicte cause fust plaidée, et que aussi la Court avoit sur ce mandement patent. Et pour ce fu plaidoiée icelle cause comme s'ensuit :

En la cause de dame Jehanne et Mathe d'Armignac, d'une part, et le conte d'Armignac, d'autre part ; qui, apres ce que icelles dames ont dit et conclu que ou cas qu'elles n'aueroient leur conclusion dessus requise, qu'elles ayent leur dot qui monte a viij^{m} francs, et tout soit mis en la main du Roy et gouverné *quousque*, a sommé Roger Bernart de Leviz. A quoy a dit maistre Philippe Villate que, en ceste cause, n'est point procureur du dit

Roger; neantmoins l'a sommé en son defaut dont lettre a Lespoisse; puiz son conseil se excuse, et dit qu'il n'ont pas pleine instruction, car il y avoit un sac ou estoit plus pleine instruction, qu'il n'ont pas trouvé. Pourquoy, supplient qu'il plaise a la Court de pranre en gré ce que pevent dire de present; puiz nient la demande des demandeurs. Et au surplus dient que Armignac est de molt noble Maison dont fu Messire J. d'Armignac, dit la Bosse d'Armignac (1), pour ce qu'il estoit petit de corps, lequel fu cousin du duc de Bourbon, et fu nourry avec le Roy Philippe, et fu aussy gouverneur de Guienne, et s'esprouva molt grandement contre les Angloiz, lesquelx fit wider du paiz de Guienne, depuiz que le Roy J. eut baillié Guienne avec xxvj citez au Roy d'Angleterre, en abdicant aussi le ressort, qui sembla audit conte molt dure chose et contre raison que les subgiez du Roy en ressort ne ressortissent a sa court souverainne ou devoient avoir justice. Et pour ce le dit conte envoya par toute crestienté aux sages et clers pour avoir sur ce conseil, se le Roy l'avoit pu faire ou non; et trouva que le Roy n'avoit peu abdiquer le dit ressort. Et pour ce faire declarer, appella ceans du prince de Galles, et tant poursui qu'il fu cause de recouvrer le ressort, et que les Angloiz perdirent toutes les dictes citez, hors trois, dont ancor les eveschiez obeissent au Roy. Dit que le dit conte eut une fille qui fu femme au duc de Berry (2) [et un fils] (3) dont sont venus molt de nobles princes, et fu molt vaillant françois, car il bouta hors tous les ennemiz de ce royaume, et eut plusieurs enfans : J., Bernart et autres. Jehan fit molt grant widange de tous les ennemis du paiz, et pour ce faire, vendi la conté de Charreloiz (4). Au dit

(1) L'avocat du comte d'Armagnac commet une confusion. Le comte d'Armagnac dont il rappelle ici les services est le comte Jean I, mort en 1373. Or, ce ne fut pas Jean I, mais son fils Jean II qui fut surnommé le *Bossu*.

(2) Jeanne d'Armagnac, fille de Jean I, mariée au duc Jean de Berry, frère de Charles V.

(3) Il est évident qu'il faut restituer ces trois mots omis par le greffier du Parlement. Jean III, Bernard VII et leur sœur Béatrix étaient en effet les enfants du comte Jean II, lui même fils de Jean I et frère de la duchesse de Berry.

(4) Jean III vendit le comté de Charolais au duc de Bourgogne, en 1390, pour subvenir aux énormes dépenses qu'entraînait l'évacuation du Midi de la France par les bandes de routiers.

J. succéda Bernart qui est molt vaillant, et qui souvant a livré la bataille a ceulx de Bordeaulx, et a fait plusieurs autres widanges, et qui a moult honoré la Coronne. Si, n'est pas vraisemblable qu'il eust volu faire ce que ont dit les dictes dames. Et dit que, apres ce qu'il fu conte, a molt bien gardé ses subgiez dont a grant nombre, car il a graut foison terres, sans celles dont est question, comme Fesansaguet qui estoit tenu de Florensac et autres; et combien que molt honorast messire Gerart d'Armignac que volt attraire en sa terre et lui donna Montferrat (1) et plusieurs autres biens pour ce qu'il se tenoit du dit linage. Toutevoie ne le cognut-il pas, car l'an cccc iiij (2) lui estant a Poitiers, messire Gerart d'Armignac, qui avoit sa teste ahurtée et sans conseil, delibera a lui faire guerre publique, et assembla Viernois (3), ennemis tres anciens de ce royaume, et qui ont accoustumé de tenir la partie des Angloiz, et autres plusieurs en la conté de Perdriac qui estoit a sa femme, et empera le chastel de Monlezun et de Clarantal (4); et se bouta J. son filx a Fesansaguet ou mit Angloiz; aussy empera il avec Arnaul Guillem le lieu de Brueil d'ennemis. Et combien qu'il fussent de ses fiefs et qu'il ne pansast pas que ce fust contre lui mais contre les Anglois, toutevoie a un jour, le chancellier d'Armignac nommé messire Bernart de Brossoles qui estoit son lieutenant en son absence, et qui ne se prenoit garde de Geraut qui tousjours avoit recours a lui, et aussy ses enfans ahurtez comme le pere et qui avoient recours au dit chancellier comme avoit le pere, le prinrent et le mindrent en dure prison et partirent ses biens; et non contens de ce, le pere monstra son courage et fit guerre ouverte contre lui, et fit pranre, tuer et murtrir ses subgiez et les rançonna et bailla sauf-conduiz comme ennemy, et print et pilla tous les biens de Riviere et print les subgiez, et furent menées les proies es chasteaulx de Gerart; puiz fit courir Leomaigne, le vicomté de Lauviller (5) et plusieurs

(1) Peut-être Monferran-Plavès (Gers, arrondissement d'Auch, canton de Saramon).

(2) Cette date est inexacte, car ces événements remontent à la fin de 1400 ou au commencement de 1401.

(3) Béarnais.

(4) Ce lieu ne nous est pas connu.

(5) Auvillars.

autres terres en faisant œuvres de guerre dont a j grant quaier de declaracion que baillera se mestier est. Et ce ne povoit croire le dit conte de prime face, lequel, combien que de raison naturelle se povoit defendre, toutevoie fit qu'il eut congié du Roy, passé en son grant Conseil, de soy defendre et resister a la dicte entreprinse et recouvrer le sien sans ce pour ce estre blasmez, et qu'il peust avoir de ses vassaulx et autres non ennemis de ce royaume, et que de ce ne peussent avoir empeschement ou temps a venir pour la dicte guerre qui n'estoit point guerre proprement, mais invasion. Et dit que *durante flagrancia*, eut executoire du seneschal de Tholose et de Carcassonne des dictes lettres de congié, et lui aussi garny assembla ses gens. Et avisa que Geraut estoit issu de son hostel et envoya parler a lui et le amonester de desister, ou autrement ne le pourroit tolerer; mais il respondi que rien n'en seroit, et dit ancor, en soy moquant de lui pour ce qu'il avoit oy dire qu'il avoit xij^{c} bassinés « *que se toutes les brebis de Rouergue portoient bassinés, si ne pourroit-il finer de tant de gens* ». Et tant que ses gens mesmes, oyes les offres que lui faisoit, s'agenoillerent devant lui et lui supplierent que de soy mesme eust mercy et de ses enfans; dont ne volt rien faire; dont desplut au conte, et en pleura, et delibera d'aler avant, et destendi a Monlezun, dont s'enfui Geraut qui fu poursui. Et puiz furent requis ceulx du chatel de rendre les prisonniers et les pillés et autres choses dont furent refusans; si les print *tandem*. Si fit-il Geraut et ses enfans, qui estoient ses vassaulx et ses subgiez et de son nom et qui avoient delinqué en son pais, car ou viconté de Mauvoisin pilla J. et autres plusieurs, dont avoit esté cause le pere et avoit ce ratifié.

Si avoit cause, non pas seulement de pranre les dictes terres, mais leurs personnes, car aussy avoient-ils ennemiz dont s'aydoient, dont le Roy le loua et recommanda. Par quoy fonde son entencion, car ou paiz de Rouergue quant aucun est vassal d'aucun, si ne fait foy de son fief dedans l'an, chiet en commiz dedans l'an, de raison et par coustume. Quant aucun vassal aussy se porte ennemy de son seigneur, il pert son fief, et est acquiz au seigneur; et ce est de raison escripte, combien que c'est de toute bonne foy, car pour ce pourroit le pere exhereder son filz. *Igitur*, *forciori ratione*, a son propos, car se le seigneur ne garde son vassal, il se puet rebeller a son seigneur. Or, dit-il que les diz Geraut et ses enfans estoient ses vassaulx, se rebellerent comme dit est, et pour ce povoit pranre leur terres, tenures en fief de lui; dit n'avoir pas Geraut fait son devoir dedans l'an; dit aussy que Fesansaguet estoit tenu de Florensac (1), et Pressac tenu de Rodes (2); si les povoit pranre comme cheues en commiz, mesme aussi attendue la felonie commise. *Item* dit de Ordan et d'autres que tenoient les enfans de par leur mere et a cause d'elle, dont aussy n'avoient pas fait leur devoir envers lui. Et se ce procedoit, toutevoie de toute raison *permissum est incontinenti et flagrancia durante propulsare injuriam et convocare amicos ad hoc*, et non pas seulement *pro persona*, mais *etiam pro rebus (iij l. iij, de vi et de vi armata)* (3) et non pas *propulsare* seulement, mais resister, mais aussy recouvrer *incontinenti* et en delay, *non divertendo ad actus extraneos*, ce qui est pillé et recouvrer les chevaux et armeures *ad tollendum et submovendum* ce qui nuit. Ne ce n'est pas guerre mais defense, et puet pranre et povoit *per manum fortem* les prisonniers et pillés. Ne ce ne doit point estre appellé *bellum* mais defense; et se l'en troive que se appelle *justum bellum*, c'est-a-dire *defensio*, puiz que *justa causa personarum sufficiente et auctoritas subsistit legis vive et legis mortue cujus auctoritate fit* ce que fit en executant plus que autrement; et dit que lui estoit permis de pranre par puissance les biens prins en sa terre, voire recouvrer les dammages, voire oster a force d'armes, quant la house est faicte par la maniere dessus dicte, et des principaulx et des complices. Et se les choses sont perdues, puet pranre *de bonis hostium usque ad equivalenciam, auctoritate propria que dicitur juris*, par ce que dit est; et ce fait comme executeur de justice, car l'executeur d'une sentence fait *rem alicujus esse qui ante non erat*. Ce apert *de debitore fugiente*, duquel l'en prant l'argent *quod efficitur sapienter*. Et ce apert aussy autrement, car *vassallo pertinet in dicto casu depredare dominum*, et allegue Innocent Hostiensem et autres docteurs que par *interesse*

(1) Fezensac.

(2) C'est-à-dire Preixan, mais l'avocat se trompe, Preixan ne relevait pas de Rodez.

(3) De vi et de vi armata, *Digestorum Lib. XLIII, Tit. XVI.*

dampno et expensis, l'en puet *aufferre a violentis*. Et de ceste opinion est *Somma confessorum* et *Astanse*. Et par ce povoit pranre les dictes terres et a soy appliquer comme siennes, prové ce que dit est; au moins les povoit retenir jusques a ce que lui fust satisfait de ses fraiz qui furent molt grans, tant pour lui que pour ses chateaulx et gens, et pour la guerre et pour son prenommé domaine, et les biens de ses subgiez et les vivres, qui montent a plus de v^{c} mil frans. Au moins deveroit-il retenir jusques a ce que *ad sanam constoriam suorum aliorum* fust satisfait, non pas seulement de ses frais, mais de ses subgiez, pour lesquels il a la poursuite de leur consentement, combien que, depuiz tout ce, a esté receu en foy et hommage des dictes terres par le Roy, et par ce a eu la vraye possession et saisine.

Et supposé que par ces moiens n'eust droit, si n'y eurent onques droit les dictes femmes, car messire J. d'Armignac qui tint les terres de Fesansaguet, Cressel et Bruilhois et antres les terres comme parties d'Armagnac par appanage. Or fit J. son testament et institua Geraut, son filx, heritier universel, et Jehanne sa fille maria au seigneur de Mirepeiz a qui donna finance dont elle fu content, car elle eut xxx mil francs; quant a Mate, elle eut autres choses; et volt que Geraut, s'il avoit enfans malles, fussent heritiers. Et, comme apert plus a plain par le testament, moru J., et print lesdictes terres Geraud a qui Perdriac ne fu point, mais a sa femme. Geraut sa vie durant tint les dictes terres, ou ne demanderent onques rien Jehanne ne Mate, car elles avoient esté recompansées. Geraut ot a filx J. qui trespassa sans hoir malle de son corps. Pour quoy vint sa succession a Arnaut Guillem qui moru sans enfans. Et par ce, a Roger Bernart deveroient estre les dictes terres au cas que a Geraut apartenissent a sa mort, ce que non, car Roger Bernart eut debat avec lui, et a transigé, et lui a transporté tout son droit qu'il y avoit, moiennant or et argent qu'il en a receu. Et par ce les dictes dames n'y puent rien demander, ne aussy a Perdriac qui ne fut point a Geraut, comme dessus est dit.

Quant au doaire, n'y a ne jour ne terme, ne onques mais de ce ne parla partie adverse et n'en a point d'instruction. Et aussy ont demandé les choses comme heritieres; *igitur*, ne puent point demander de dot, mais doit surseoir ceste demande, retenue faicte.

Quant a provision, n'en aueront point, car au regart des biens de l'ayeul, Geraut les tint et y eut droit comme heritier, et ne succederent point. Et si vendroient *per lineam collateralem.* Si ne doivent point avoir de provision. Aussy ne confesse il rien, si conclu a fin de non recevoir, alias qu'elles n'ont cause n'action.

IV.

(*Même registre, f*° 581.)

MERCREDI XIe JOUR [DE SEPTEMBRE].

En la cause de dames J. et Mathe d'Armignach, d'une part, et le conte d'Armignach, d'autre part; repliquant les dictes dames, et dit que pas ne wellent blasmer les seigneurs d'Armignach qui ont esté moult vaillans, nobles et genereux; mais de tant se deust avoir miex gardé de meffaire le dit conte. Quant a ceulx de Perdriac, ilz ont esté, nonobstant le propos du dit conte, molt vaillant, et n'estoit point si simple et si prestre Geraut que devant Condom ne conquist et subjugast les Anglois, lui et ses gens seulement, et a ses despens. Dit qu'il fu molt vaillant en conseil, et le croioit et avoit molt bonne opinion, car aussy estoit-il licencié. Quant au fondement du conte que, quant le vassal ne fait son devoir, etc., de ce que est de raison escripte, s'en rapporte a la Court; mais il ne confesse point que onques Geraut tenist rien de lui, et *quicquid sit*, Armignac ne povoit faire de soy celle declaration, mais faloit appeller partie devant le souverain, *alias sequerentur inconvenencia* que le seigneur feodal, veant aucun fief ou fond emphiteotique meliore, le vouldroit avoir s'il estoit convoiteux. Et pourtant ne volt point raison que les seigneurs fussent juges d'eulx mesme ou executeurs et par especial par voie de fait. Quant a la lettre royal dont Armignac se dit executeur, dit que la lettre ne son execution ne valoient ne n'estoient soustenables, car c'estoit execution par espées, mais faloit venir a justice de raison, nonobstant le *S. C. Pignora* et la loy *A divo pio,* en quoy se semble fonder Armignac. Or ne vint pas a justice. Quant au droit des fiefs, dit que tout ce s'entent, evocation faicte, et adjornement et proces en justice. Car les docteurs dient que nul, tant soit grant, ne doit proceder a voie de fait, puiz qu'il a son souverain qui puet faire justice; car puiz que le souverain welt faire droit en sa court, ne doit point faire le seigneur guerre a son vassal.

Et a ce que dit Armignac que Perdriac ly fit guerre et print son chancellier etc; dit que Armignac lui fit guerre dont s'en esbahy et empetra que toute voie de fait fust ostée; et pour ce, licencia ses gens et se mist en justice. Mais Armignac ne volt obeir. Et dit que, durant le cours des gens d'armes, le dit chancellier passoit le paiz, compaignons le trouverent et le prinrent et ses biens et le menerent a Montlesun. Mais il delivra tout. Et se le seigneur d'Aigremont (1) fut prins, fu par l'ordonnance des gens du Roy. Quant aux lettres royaulx, elles sont fondées *super falso*, et ne sont pas passées en plain conseil. Et se elles furent monstrées aux gens du Roy, ce fu au dos, et ce qui est dessus escript est de personne privée; et si estoit injuste, ne onques ne fut executée deument, eulx appelez ne oiz. Quant a ce qu'il dit qu'il a le droit de Rogier Bernart, *nichil est*, et rien n'en monstre, car aussy Rogier n'y avoit rien, car quant messire J. d'Armignac fit son testament, *preteriit* Jehanne et Mate, et par ce *nullum erat testamentum*, et par ce ne lui povoit rien estre transporté par icellui. Car aussy estoit-il indigne qu'il ne pas vangie la mort de ceux de Perdriac. Aussy n'y eut-il onques institucion ne substitucion es diz testament, ne Jehanne onques ne renunça *bonis paternis nec maternis*. Et si ne fu pas assez recompansée, car elle n'eut que xvj^{m} frans en son mariage. Quant a Mate, elle ne fu onques mariée. Et au droit que le Roy lui donna par ses lettres, dit qu'il n'avoit onques esté rebelle, et par ce le Roy n'y avoit point de droit, et par consequens, ne lui povoit rien donner. Aussy une permission de soy defendre ne donne point povoir n'auctorité de pranre les biens d'autrui. *Nec in injusto bello* les choses qui estoient aux subgiez *non efficiuntur* de ceulx qui les ont, mais *revertuntur* a ceulx a qui sont, et qui sont aux enne-

(1) Le seigneur de Gramont, en Lomagne (Tarn-et-Garonne, arrondissement de Castelsarrasin, canton de Lavit), de la maison de Montaut.

miz *efficiuntur principis*. Or n'avoit point *justum bellum* Armignac. Et a ce que dit que retention avoit pour ses dammages, etc., dit qu'il n'y chiet point de retention, n'il n'y a matere a ce disposée, car la guerre estoit injuste, *igitur* n'en povoit retenir, car il n'avoit point de tiltre et neantmoins reti[ent] *injuste*.

Quant a Proissac et autres terres dont dit le devoir non estre fait, il nye d'Ordan et Fesansaguet fussent tenuz de lui, *igitur* ne povoient commettre felonie au regart de lui, car tout ce que tenoient, tenoient du Roy. Et a ce que dit que filles ou dit pays ne succedent pas, dit que si. Et si constitution y avoit erré, ce seroit fait par ceulx qui n'avoient pas auctorité. Quant a ce que dit que, du temps Gerart, n'y demanderent rien, *non sequitur* que pour ce, au profit d'Armignac veillent delaisser leur droit, car aussy voudroient que Gerart vesquist et tenist tout. Quant a la provision, ilz sont filles et n'ont rien de succession de pere ni de mere. Si l'aueront, et si doit avoir Jehanne son dot qu'elle a peu demander, veue son impetracion. Et se autrefoiz n'en fit demande, ce a esté car il n'a pas x jours qu'il ont trouvé ce que n'avoient onques mais veu, et si n'estoit pas ancor *litis contestatio* faicte. Si sont trop bien a retenir, et aueront provision, veu que Armignac n'allegue tiltre aucun et *ut supra*.

Armignac dupliqua et dit que tout le mal qui fut fait en ladicte poursuite fu a l'occasion de Perdriac qui fu *invasor et aggressor* garny d'Angloiz, comme dessus a dit; car aussi ne fut-il que defendeur. Et au dot, dit que l'impetration en rien n'en parle, n'onques mais n'en parla, ne pour ce n'en doit point faire nouvelle demande. Et y ont esté jour de conseil et autres delaiz prins, et si ne fu onques faicte mention du dit dot; et s'il en eust esté parlé se fust conseillié. Si n'est recevable la dicte conclusion, *alias* aveques ses delais. Quant a la provision, n'en aueront point, attendu le long temps et testament du pere. Si ne puent venir par ce moien a demander provision; et si tint les choses Gerart que l'a perdu par le moyen dessus dit. Et si furent apporcionnées par le pere; si ne doivent venir a l'oirrie selon la coustume, mais plus elles renuncerent. Et si est tiers contre qui n'a lieu ypotheque. Quant a la succession de la mere qui fu de ceulx de Carmein, elle n'avoit rien de terre, mais fu mariée par argent. Quant a la succession de femme de leur frere, aussi n'y doivent rien avoir ; et dit que ce que vient de Geraut et *de inferioribus* vient *ex linea collaterali*, ou ne doivent rien avoir par especial par provision. Et si est Mathe mariée.

Les demandeurs disent au contraire que Mathe n'est point mariée ne Jehanne onques ne fu paiée de son dit ; si le doit avoir. Quant a la provision, Armignac n'a nul tiltre, au moins n'en monstre point. Si requiert que les choses contencieuses soient mises en la main du Roy.

Appoincté *tandem* que les parties sont contraires sur le principal, quant a la conclusion du dot. Se Armignac doit proceder, la Court verra l'adjornement et aussy les impetrations au regart de la provision et se les choses contensieuses seront mises en la main du Roy. Pareillement la Cour verra l'impetracion, considerera les raisons, et au conseil.

XXVIII.

PARIS, 7 MAI 1412.

ARRÊT DU PARLEMENT DE PARIS

RELATIF AU PROCÈS INTENTÉ AU COMTE D'ARMAGNAC PAR LES SŒURS DE GÉRAUD.

(Archives nationales, X1a 59, f° 145. — Registre original.)

Cum dudum vi et violencia ac ex guerra prohibita, Bernardus de Armaniaco, se pro comite Armaniacensi gerens, invidia et cupiditate dampnatis motus, ut dicebatur, omnes terras et possessiones, necnon cetera bona que fuerant et pertinuerant defunctis Johanni de Armaniaco, vicecomiti quondam Fesansaguelli et Brulhesii, ac domino Rocafolii, Preyssani et plurium aliarum terrarum, et Margarete de Caramanno ejus uxori, necnon demum Giraudo de Armaniaco, comiti Perdiaci et Montislecduni, vicecomitique dictorum vicecomitatuum Fesansaguelli et Brulhesii ac Creycelli et domino de Preyssano, ac etiam Johanni, quondam comiti Convenarum, et Arnaudo Guillermi de Armaniaco, liberis quondam dicti Geraudi ; necnon postmodum propria corpora eorumdem Giraudi ac Johannis et Arnaudi suorum liberorum cepisset, seu capi dictas terras et bona; necnon dictos Giraudum et liberos suos in suis carceribus seu prisionibus mancipatos miserabiliter ac in magna paupertate et miseria, nulla justicia eis servata, ut ferebatur, mori fecisset (1); dictasque terras et bona prefatus Bernardus, his non contentus, pretextu quarumdam doni litterarum super hoc a nobis et patruo nostro Johanne de Bicturia, tunc locumtenenti nostro in patria Lingue Occitane et ducatu Aquitanie, per eum obtentarum, aut alias indebite, sue utilitati applicasset, seu applicari, necnon easdem doni litteras presertim respectu alterius terrarum predictarum executioni facere demandari visus fuisset, ipsas litteras propter hoc senescallo nostro Carcassone presentando; ad quarum litterarum executionem dilecte nostre Johanna et Mathildis seu Mathea de Armaniaco sorores, filie dictorum Johannis de Armaniaco et Margarete sue uxoris, sororesque germane dicti Giraudi, ac predictorum Johannis et Arnaudi Guillermi de Armaniaco amite, se opposuissent; et post-

(1) Il est à remarquer que cet arrêt du 7 mai 1412 fut prononcé à une époque où le parti Bourguignon triomphait et où le comte d'Armagnac était proscrit et attaqué par les agents du Roi et du duc de Bourgogne. Le Parlement de Paris avait donc tout intérêt à charger le comte d'Armagnac, quand bien même le duc de Bourgogne n'aurait pas poussé le Roi, ainsi que l'affirme la pièce suivante, à dicter aux juges une sentence défavorable au comte Bernard VII. D'après l'arrêt du 12 mai, Géraud de Pardiac et ses fils périrent de misère et de privations dans leurs prisons. Étant données les conditions dans lesquelles l'arrêt fut prononcé, cette version doit être considérée comme étant celle qu'adoptaient les ennemis du comte d'Armagnac.

On voit que les pièces originales ne renferment aucune allusion, même indirecte, qui vienne confirmer le récit donné, sans aucune indication de source, par le Père Anselme (III, pag. 434), récit d'après lequel l'aîné des fils de Géraud aurait été rendu aveugle au moyen d'un bassin ardent mis devant ses yeux, tandis que le second de ses fils aurait expiré de saisissement à la vue de la prison où son père était mort.

La date de la mort de Géraud n'est pas exactement connue. Nous avons déjà dit (pag. 88, note 1), qu'elle était antérieure au 17 juillet 1402. Il existe un acte portant cette date, dans lequel le comte d'Armagnac ordonne de vérifier les plaintes de Guy de Séverac qui se plaignait d'avoir été lésé par *feu* Géraud d'Armagnac, comte de Pardiac (Arch. de l'Aveyron, C. 1455, f° 1 v°). Cependant, un peu plus tard, le 23 juillet 1402, on voit un avocat chargé de plaider un procès intenté au comte de Pardiac devant le Parlement, demander la remise de l'affaire parce que son client est *in potestate hostium* (Arch. nation., X1a 4785, f° 413 v°). La mort de Géraud était donc assez récente puisque son avocat l'ignorait encore.

modum, quia dictus senescallus de causis suarum oppositionum, metu dicti Bernardi, cognoscere ausus non fuerat, quin imo causam seu causas hujus modi ac partes predictas, sine diei assignatione, in nostra Parlamenti curia remiserat, certas litteras a nobis obtinuissent per quas idem Bernardus fuisset in eadem nostra Curia adjornatus, dictas sorores ad opposicionem adversus dictas doni litteras et earum executionem admicti visurus, ac super hoc processurus ut deceret; et insuper demum, eedem sorores de omnibus terris et dominiis que quondam fuerant dictorum defunctorum Johannis et Giraudi de Armaniaco ac Johannis et Arnaudi Guillermi suorum patris, fratris et nepotum, quorum veras heredes se esse asserebant, et quas quidem terras et dominia dictus Bernardus detinebat, ut prefertur, indebite occupatas, petitionem et prosecutionem adversus ipsum Bernardum facere volentes, ut dicebant, vigore quarumdam aliarum nostrarum litterarum fecissent eumdem Bernardum, personaliter Parisius repertum, in dicta Curia nostra iterum adjornari, eisdem sororibus et procuratori nostro generali pro nobis, si partem se facere vellet, super premissis et eorum dependenciis responsurum ac ulterius processurum et facturum prout foret racionis. In qua quidem Curia constitutis partibus antedictis seu earum procuratoribus, prefate sorores, premissis et aliis latius recitatis, nonnullas conclusiones emendarum honorabilium et utilium et alias pertinentes super principali cause seu negocii hujusmodi fecissent, adjunctionem dicti procuratoris nostri racione excessuum et criminum per dictum Bernardum in hac parte commissorum, ac provisionem in casu dilationis litis hujusmodi eisdem sororibus super terris dictorum defunctorum et maxime prefatorum comitis quondam Perdiaci et liberorum suorum ad arbitrium dicte nostre Curie fieri, necnon omnes terras predictas eorumdem defunctorum in manu nostra poni, et insuper, postremo casu quo hujusmodi conclusiones eisdem sororibus non fierent, dotem predicte defuncte Margarete de Caramanno, earum quondam matris, que ad summam xx^{m} francorum ascendebat cum jocalibus ipsius, sibi tradi et deliberari petendo ac requirendo. Prefatus vero Bernardus, pluribus dilationibus garandi scilicet et aliis preeuntibus, petitionem seu demandam dictarum sororum negasset, dicendo preterea quod, in quantum dictam dotem per dictas sorores petitam concernebat, ipse Bernardus diem super hoc non habebat neque terminum, et ob hoc procedere circa hoc non tenebatur, ut dicebat, ad hoc necnon ad finem quod dicte sorores ad faciendum dictas suas conclusiones et demandas non admitterentur, alioquin causam vel accionem eas faciendi non haberent, resque contenciose in dicta manu nostra minime ponerentur nec ulla provisio fieret sororibus prefatis, sed in expensis ejusdem Bernardi condempnarentur concludendo. Et in tantum processum extitisset quod dicte partes, ipsis auditis, ad plenum fuissent super principali in factis contrariis et in inquesta, super provisione vero suprapetita necnon an dictus Bernardus super dicta dote cum dictis sororibus procedere teneretur, resque contenciose predicte in dicta manu nostra ponerentur, vel non, ad tradendum seu ponendum penes dictam Curiam nostram litteras, titulos, impetrationes et cetera munimenta quibus eedem partes se juvare volebant, ac in arresto appunctate. Visis igitur per dictam Curiam nostram litteris, impetrationibus, relationibus et ceteris munimentis partium predictarum ipsi Curie traditis, consideratisque et attentis diligenter omnibus circa premissa considerandis et attendendis et que dictam Curiam in hac parte movere poterant et deberant : per arrestum ejusdem Curie nostre dictum fuit quod respectu dotis per dictas sorores suprapetite prefatus Bernardus procedere tenebitur et procedet ad dies baillivie Viromandensis nostri proximo futuri parlamenti, non obstante quod partes de eisdem diebus non existant; et quod ad dictos excessus prefatus procurator noster generalis dictis sororibus adjungetur ac se adjunget; ponenturque in dicta manu nostra omnes terre ex decessibus prefatorum defunctorum Giraudi, comitis Perdiaci, ac Johannis et Arnaudi Guillermi, liberorum suorum, relicte; ac easdem terras dicta Curia in ipsa manu nostra posuit atque ponit; et insuper sororibus prefatis provisionem de tercia parte revenutarum omnium terrarum predictarum ex dictis decessibus relictarum, fecit atque facit, presenti processu pendente, et donec aliud super hoc per dictam Curiam nostram extiterit ordinatum.

Pronunciatum septima die maii, anno domini M° CCCC° XII°.

NANTERRE.

XXIX.

EXTRAIT D'UN MÉMOIRE

RÉDIGÉ POUR LE COMTE JEAN V D'ARMAGNAC ET POUR BERNARD D'ARMAGNAC, COMTE DE PARDIAC ET DE LA MARCHE.

(Bibl. nation., col. Doat, vol. 194, f°s 99 v° et 100. — Copie du XVIIe siècle.)

L'arrêt du Parlement, reproduit ci-dessus, avait été prononcé à une époque où le comte d'Armagnac, allié des princes d'Orléans, était en pleine disgrâce. Ainsi que le montre l'extrait suivant, l'arrêt ne tarda pas à être cassé par le Roi, lorsque le parti Armagnac fut revenu au pouvoir.

Voir la pièce suivante pour la date de ce document.

Dictum appuntamentum (1) fuit latum contra jus et justiciam... et per errorem vel injuriam...

Et quod hoc sit verum apparet, nam dictum appunctamentum fuit datum tempore divisionis et guerrarum regni Franciæ et tempore quo dominus dux Burgundiæ gubernabat Regem, qui dominus dux odio capitali gerebat dictum dominum comitem Armeniaci, ut experientia docuit per finem causæ. Ad cujus domini ducis instigationem, dominus noster Rex qui pro tunc erat, mandavit quod dictum appunctamentum daretur jure vel injuria contra dictum comitem Armaniaci, tanquam contra ejus inimicum. Et propter hoc, post lapsum temporis, idem dominus noster Rex, informatus de præmissis, sedens in Lecto Justiciæ, dictum appunctamentum, tanquam latum per injuriam et contra justiciam, revocavit; et mandavit dictæ curiæ Parlamenti quod dictum appunctamentum haberent pro revocato, et illo nonobstante facerent partes procedi, in dicta causa, in materia principali, acsi idem appunctamentum non esset latum; prout de his constat per litteras regias super hoc concessas.

(1) L'analyse de cet *appuntamentum*, donnée dans la même pièce, prouve qu'il s'agit bien de l'arrêt prononcé le 7 mai 1412.

XXX.

EXTRAIT D'UN AUTRE MÉMOIRE

RÉDIGÉ POUR LE COMTE JEAN V D'ARMAGNAC ET POUR BERNARD D'ARMAGNAC, COMTE DE LA MARCHE.

(Biblioth. nation, collect. Doat, vol. 194, f° 75. — Copie du XVIIe siècle.)

On trouve dans la collection Doat (vol. 194, f°s 64 et 199[a]) plusieurs mémoires rédigés pour le comte Jean V d'Armagnac et pour Bernard d'Armagnac, comte de Pardiac et de La Marche, petits-fils et fils du comte Bernard VII, à l'occasion d'un procès que leur intentaient, devant le Parlement de Paris, d'une part Marie de Pierrebuffière, femme de Charles de Ventadour, et Simonne Tisonne, femme de Renaud de Valorte, toutes deux petites-filles de Jeanne d'Armagnac sœur de Géraud (1) ; et d'autre part Jean de Caraman, fils de Hugues de Caraman, à qui Jeanne et Mathe d'Armagnac avaient abandonné tous leurs droits par donation du 3 juillet 1437 (2). Marie de Pierrebuffière et Simonne Tisonne demandaient la mise à exécution de l'arrêt prononcé en 1412. Jean de Caraman réclamait tous les biens provenant de Géraud de Pardiac. Le procès entre les héritiers de Caraman et les descendants du comte Bernard VII d'Armagnac se prolongea jusqu'à la fin du XVe siècle.

Le mémoire dont nous reproduisons une partie fut rédigé après la mort du comte Jean IV d'Armagnac, c'est-à-dire après 1450, et avant 1462, date de la mort du comte de La Mårche.

Item, post premissa, dicta domina Margarita comitissa Convenarum, effecta vidua, rediit ad suum comitatum Convenarum, et lapso tempore luctus dicti sui primi viri, tranctantibus aliquibus amicis, fuit collocata in matrimonium cum supradicto domino Johanne de Armaniaco, comite Pardiaci, filio primogenito dicti domini Geraldi vicecomitis Fesensaguelli. Item, contracto dicto matrimonio, dictus dominus Johannes, lapso aliquo tempore, instigante dicto Geraldo patre suo, cepit male conversari cum dicta domina Margarita uxore sua, et eandem ultra modos maritales male tractare. Ipsa autem, jugum im[sup]portabile sibi ferre non

(1) Toutes deux étaient filles de Jeanne de Lévis, sœur de Roger Bernard, mariée 1° à Pierre Tison dit Cramaut, seigneur de Pujols, et 2° à Louis de Pierrebuffière, seigneur de Châteauneuf.

(2) Bibliothèque nationale, Ms. français 18915, f° 781.

volens, se quodmodo a viri sevitia separavit, et ad suum comitatum reddiit, et ibi vivere ac illum regere voluit et disposuit; quod valde molestum fuit dicto domino Johanni marito, et domino Gerardo ejus patri; et hinc horta fuit materia deffensionis inter conjuges prædictos.

Item, dicta domina Margarita comitissa hoc videns, congregatis subditis suis, se, et loca, terras, et bona sua, quantum potuit, deffendit, vim vi repellendo, quod sibi licitum fuit. Et dubitans quod non posset prevalere, cum esset mullier, adversus tot et tantos, ad memoriam reducens antiquas amicicias, confederationes, affinitatem et consanguinitatem existentem inter ipsam et ejus filias ex una parte, et dictum dominum Bernardum, comitem Armaniaci, ex alia parte, postulavit ab eodem domino Bernardo de Armaniaco comite, ut eidem auxilium et consilium, ad se et terram suam deffendendum, et injurias et violencias subillatas et inferendas repellendum, vellet donare et concedere. Quod audiens, dictus dominus Bernardus comes, protunc in partibus Ruthenensibus existens, considerans dictam requisitionem dictæ comitissæ Convenarum fore justam, respondit eidem quod sibi prestaret auxilium. Quod tamen facere distulit, sperans quod dicta discordia concordaretur, volensque evitare guerram et guerræ discrimina.

Item, devento ad noticiam dictorum domini Geraldi et filiorum suorum quod dictus dominus comes Armaniaci dixerat quod juvaret dictam dominam comitissam, ascendit sumus iræ (*sic*), et intendit cervices illorum, et inflamatum est cor ipsorum, adversus dominum comitem Armaniaci supradictum. Et extunc guerram apertam inceperant et moverunt contra eundem dominum comitem, discurrendo terram suam, et prædas non solum animalium sed etiam hominum faciendo. Et inter alios ceperunt et aprisonaverunt dominum Bernardum de Grissolis, cancellarium dicti domini comitis, virum notabilem, et dominum de Agramonte, Leomaniæ officiarios et subditos dicti domini comitis Armaniaci, quos captivos et prisonerios retraxerunt et posuerunt in castro de Malovicino Fesensaguelli, et in districta custodia tenuerunt, donec per financias excessivas se redimere habuerunt. Feceruntque alios plures incursus, pluresque prædas hominum, animalium et bonorum in terris dicti domini comitis Armaniaci absentis, quos et quas longum esset enarrare prout de præmissis latius per legittimas constat informationes super præmissis factis, quæ per præsentium latorem transmittuntur Parisius, ad informandum consilium dictorum dominorum deffensorum et Curiam, si expediat.

Item, dicti domini Geraldus, vicecomes Fesensaguelli et, ad causam uxoris suæ, comes Pardiaci, et dominus Johannes, ejus filius primogenitus, et verus comes Pardiaci ad causam matris suæ, et Arnaldus Guillermus secundogenitus, incipiendo et faciendo dictam guerram, primo contra dictam dominam Margaritam, comitissam Convenarum, et deinde contra dictum dominum Bernardum, comitem Armaniaci, eorum dominum, ultra modum deliquerunt contra rem publicam et dominum nostrum Regem et dominum comitem Armaniaci, eorum dominos.

Item, nam primo cum essent de regno Franciæ et subditi Regis Franciæ, et sic non erat eis licitum, etiam cum justa causa, contra quempiam guerram movere, sine licencia et congerio Regis, ipsi tamen, nulla licentia obtenta nec etiam petite, dictam guerram inceperunt et fecerunt contra dictos dominum comitem Armaniaci et dominam comitissam Convenarum, subditos dicti domini nostri Franciæ Regis; et ideo, procul dubio, Deum, Regem publicamque rem offenderunt; et ex hoc, in corpore et bonis puniendi venerunt, maxime quod sine aliqua causa, saltem justa, et cum Anglicis, antiquis hostibus Regis, dictam guerram moverunt et fecerunt.

Item, comisserunt vim publicam, rapinas, furta, homicidia, portus armorum, et plura alia crimina de jure prohibita. Propterque merito puniendi fuerunt per Regem.

Item, cum essent veri vassalli dicti domini comitis Armaniaci, et maxime quia extracti de ejus progenie, comiserunt contra ipsum infidelitatem, felionam et supradicta, et plura alia et diversa crimina, propter que dicti vicecomitatus Fesensaguelli, Brulhesii et Creicelli, baroniæ de Virano et de Ordano, et aliæ terræ et dominationes quas ab ipso domino comite Armaniaci sub homatgio et fidelitatis juramento tenebant, ut superius est deductum, ipso facto, in comissum ceciderunt, et dicto domino comiti Armaniaci pertinuerunt.

Item, taliter et in tantum deliquerunt pater et filii quod, ut est dictum, corporaliter puniri debuerunt de jure, et eorum confiscari bona, videlicet domino nostro Regi, qui tenebantur ab ipso, et domino comiti Armaniaci, qui tenebantur ab ipso, prout factum extitit, ut inferius deducetur.

Item, præmissa fuerunt per gentes suas notifficata dicto domino comiti Armaniaci, protunc in partibus Ruthenensibus commoranti, seu secundum aliquos protunc in servicio regio in Francia existenti. Inde non sine causa fuit commotus et valde admiratus, considerans quod dicti dominus Geraldus et sui filii erant sui vassalli, et de sua progenie, et nunquam eis fecerat nisi bonum, quia, quamvis respondisset juvare dictam dominam Margaritam, comitissam Convenarum, et eam deffendere, nondum tamen per se, nec per gentes suas, in aliquo ipsam juvaverat, nec aliquid fecerat contra dictos patrem et filium.

Item, et quamvis idem dominus comes Armaniaci, tunc sua propria authoritate, et sine superioris licencia potuisset se, et terras suas, et subditos suos deffendere, etiam manu armata, contra dictos dominum Geraldum, et ejus filios, et eorum complices sibi guerram facientes, cum juris sit gentium, ut vim atque injuriam propulsemus, et omnia jura proclament : *vim vi repellere licet,* ipse tamen hoc facere noluit, sic dans (1) locum iræ distulit donec Regem consuluisset. Apud quem nuncios et legatos destinavit per quos dictas guerram, offensam et injuriam sibi factas notifficari fecit eidem Regi, et supplicari, ut vellet e[i] licentia[m] (2) impartiri quod, congregatis subditis et amicis suis, manu armata posset se et sua deffendere, injuriam repellere et sua recuperare, et guerram facere contra dictos dominum Geraldum et ejus filios. Et tunc dominus noster Rex auditis præmissis concessit, et per suas litteras patentes, eidem domino comiti Armaniaci licentiam et congerium per eum petitam et petitum, prout constat per litteras regias, qui eidem consilio Parisiensi per latorem præsentium transmittuntur.

Item, dictus dominus comes Armaniaci, obtenta dicta licentia preparavit se ad deffensionem contra dictum dominum Geraldum et suos, convocavitque ad hoc subditos suos et auxiliatores, et

(1) (*Sic*).
(2) La copie de Doat porte *et licentia.*

congregavit magnum exercitum gentium armorum, tam equitum quam peditum, in maximo numero et aparatu, et non sine granda expensa. Et cum dicto exercitu venit ad partes Vasconiæ, ad terram suam, ad causas requirendi dictum dominum Geraldum, et filios suos, ut eidem emendarent injurias et dampna per ipsos et eorum complices, ad eorum requestam, sibi et terræ suæ illatas et illata; et satisfacerent sumptus et expensas quos et quas, in congregando dictum exercitum et alias, ob ipsorum culpam, fecerat et sustinuerat. Quod presenciens dictus dominus Geraldus, non volens ipsius domini comitis Armaniaci suorum præsentiam et potentiam expectare et [sustinere] (1) terga sua dedit fugæ; et in castro suo de Montelugduno in Pardiaco se reclusit cum aliquibus de suis armigeriis et complicibus.

Item, dictus dominus comes Armaniaci hoc videns, volens uti suo jure et licentia sibi a jure et Rege concessa, videlicet repellere et vindicare injurias sibi illatas ac inferiendas, et consequi emendam et satisfactionem de dampnis sibi illatis et de magnis expensis per eum passis, et dictos vicecomitatus et baronias et alias terras dictorum patris et filii, propter eorum rebelliones, infidelitatem et feloniam in comissis lapsos et lapsas, sibi applicare, et sub manu sua ponere : dictas terras dictorum domini Geraldi et suorum filiorum ingressus fuit, et eos insequitus, et tandem eas et eorum terras obtinuit, et obedienciam dictarum terrarum manentium et habitantium in eisdem, tam nobilium quam innobilium, statim et sponte habuit et retinuit.

Item, quod expensæ factæ per dictum dominum comitem Armaniaci, ob culpa et factis dictorum domini Geraldi et suorum filiorum, per ipsum passorum, ascendunt centum milia librarum.

(1) La copie de Doat porte *sustitutj*.

FIN DES DOCUMENTS

TABLEAUX GÉNÉALOGIQUES

INDIQUANT LES LIENS DE PARENTÉ QUI EXISTAIENT ENTRE

GÉRAUD D'ARMAGNAC-FEZENSAGUET

COMTE DE PARDIAC

ET LES PRINCIPAUX PERSONNAGES

CITÉS DANS LES DOCUMENTS PUBLIÉS OU ANALYSÉS

I.

COMTES D'ARMAGNAC ET VICOMTES DE FEZENSAGUET.

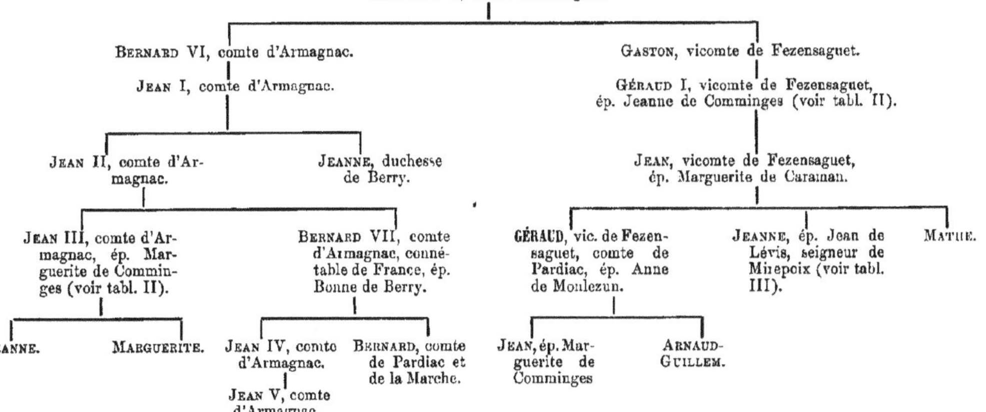

II.

COMTES DE COMMINGES.

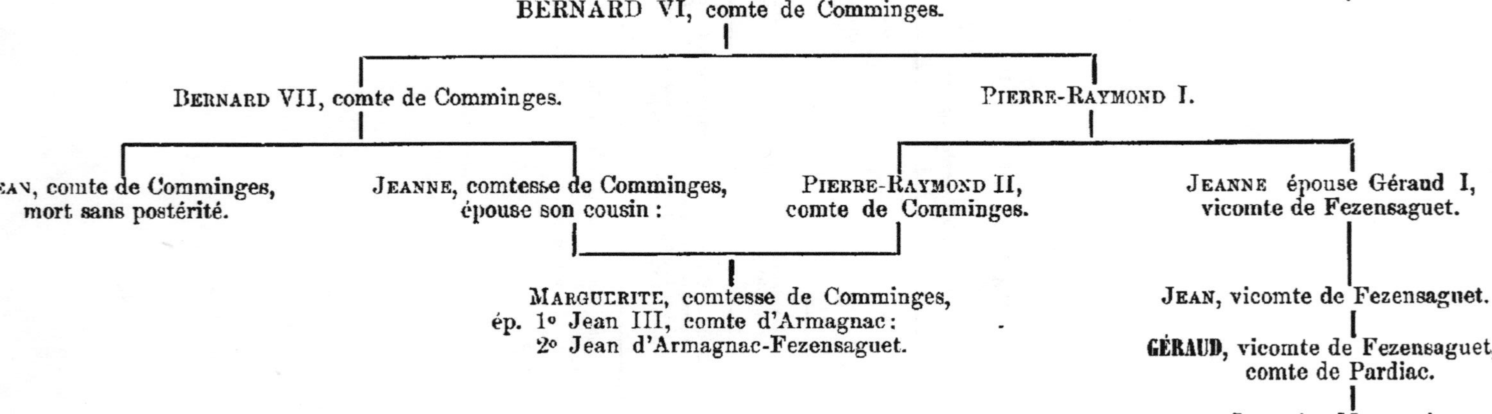

III.

SEIGNEURS DE LÉVIS-MIREPOIX.

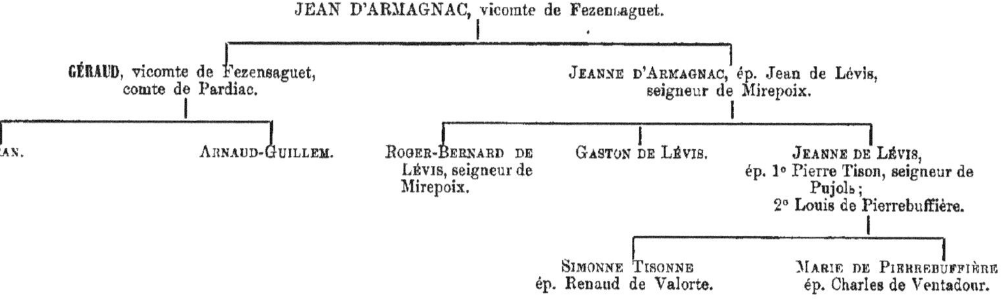

TABLE DES DOCUMENTS.

(Les documents marqués d'une * sont seulement analysés.)

TABLE ANALYTIQUE

A

B

C

D

E

F

G

H

I

J

L

M

N

O

P

Q

R

S

T

U

V

FIN DE LA TABLE ANALYTIQUE

AUCH. — IMPRIMERIE COCHARAUX FRÈRES, RUE DE LORRAINE. — 1283.

www.ingramcontent.com/pod-product-compliance
Lightning Source LLC
Chambersburg PA
CBHW051731090426
42738CB00010B/2196
* 9 7 8 2 0 1 2 6 5 7 7 3 1 *